シン・談志が死んだ

立川流はどこへ行く

立川談志＋落語立川流一門

小学館

前口上

落語立川流四十年

土橋亭里う馬《どきょうてい・りゅうば》

落語立川流創設から、四十年。早いもので、今では一門は五十人を超えています。

私が入門したとき、師匠は三十一歳、落語協会バリバリの若手真打です。上には桂文楽、古今亭志ん生をはじめ、三遊亭圓生、林家正蔵（彦六）、柳家小さん、桂文治、三遊亭小圓朝、金原亭馬生、その下に林家三平、三遊亭歌奴（圓歌）、そして若手四天王と言われた春風亭柳朝、古今亭志ん朝、三遊亭圓楽、立川談志と続いていました。すごいメンバーです。

私が真打になったのが入門して十四年目の昭和五十六年。協会では第一回真打昇進試験というものを行なって、合格した十人が真打になることになり、昇進は春六人、秋四人。私は秋に決まりました。秋の四人は、林家九蔵（現・三遊亭好楽）、柳家さん八、柳家さん治改め小袁治、立川談十郎改め土橋亭里う馬。上野鈴本演芸場を皮切りに、新宿末廣亭、浅草演芸ホール、池袋演芸場、国立演芸場と五十日の披露興行です。

初日は上野鈴本。口上にはそれぞれの師匠、正蔵（彦六）、小さん、談志。司会は橘家圓蔵師匠でした。

それから二年後、三回目の真打昇進試験を、弟弟子の小談志（故・喜久亭寿楽）と談四楼が受けましたが、試験に落ち、三平師匠の息子の林家こぶ平（現・正蔵）が受かったものだから、師匠が「三平の弟子より、うちの弟子が下手なわけがあるもんか」と激怒し、これがきっかけで落語協会を、脱会することになりました。

昭和五十八年、談志一門は協会を出て、立川流が始まります。それで出来たのが、Aコース、Bコース、Cコース。Aコースは弟子、Bコースは芸能人、Cコースは一般人、そして師匠は立川流の「家元」になりました。

「家元である以上、会員から会費を集めることにする」と言うので、まず真打は入会金三十万円、会費月々四万円、二ツ目、前座もそれなりに会費を払うことに。我々はこの会費を「上納金」と呼びました。

また、昇進の基準を師匠が決めました。前座から二ツ目になるには、噺は五十席、それに歌舞音曲《かぶおんぎょく》が出来ないと二ツ目になれません。そして真打は、最低百席が条件です。この審査を全部、師匠自身が見て、OKが出ないと昇進できません。とくに前座は歌舞音曲に苦労したようです。私が前座のときは、そのような基準はありませんでしたが、師匠に、踊りとか歌舞伎などを見ておくようにと言われ、踊りは、近所にありました花柳《はなやぎ》に稽古に行きました。

新年会は毎年一月二日、上野の中国料理店『東天紅』に集まります。協会にいたときは、小さん師匠が一月二日生まれなので、この日に目白の小さん師匠宅で新年会が行なわれていました。協会を出て、小さん一門からも出ましたが、師匠の誕生日もやはり一月二日なので、新年会は同じ日に練馬の師匠宅ではじめました。そのうち孫弟子も増え、東天紅に場所を移しました。新年会の最後は決まって、関敬六の『浅草の唄』を皆で歌い、会場を踊りながら回りました。師匠亡き今も、一門の新年会は一月二日に行なっております。

師匠の死は二〇一一年十一月二十一日（享年七十五・今年十三回忌）。知ったのはテレビのニュースでした。

「エッ、師匠が死んだ?」

びっくりして、頭がまっ白になる……。

あれから十二年、師匠を知らない新弟子も増え、若手も伸びてきています。

師匠、地獄か極楽か、どっちにいるかわかりませんが、これからの立川流一門を見守ってください。

目次

第二部　一ツ目が語る師匠・落語・立川流

第三部　家元談志、かく語りき

ブックデザイン　鈴木成一デザイン室
企画協力　談志役場

第一部 真打が語る家元・落語・立川流

好きな落語で生きられる幸せ

立川《たてかわ・》ぜん馬《ぜんば》

　そもそもの発端は二〇〇八年の私の還暦パーティーから始まりました。一九四八年九月二十二日生まれの私はその年還暦を迎え、女房の音頭取りで百人ほど集まってくれて、ワイワイにぎやかにやってくれました。その席で「還暦とは本卦還《ほんけがえ》りで子供にかえるってことだから酒はやめよう。そして二十歳になったら、二十年後から飲み直そう」と言ったら女房が「あんたそんなに生きるの？」と言って大笑い。そうか、八十歳までは難しいな、じゃあ一年にする。丸一年断酒をここで誓うと宣言しました。

　すると非難の声があちこちから。行きつけのバーや居酒屋のママたちが「ちょっと、ウチの売り上げはどうしてくれるのよ！」。そうかそれも悪いかと思っていると会場の全員が「大丈夫だよ、守れっこないヨ」の声で「一年断酒」守れなかったら各お店に罰金を払う、ということに決まりました。

　さあ、そこは根が強情な奴ですから、マジで三百六十六日、一滴も飲みませんでした。お客様が解禁日に好物の鰻をご馳走してくださるとのことでしたが、祝日でお店が休みだったので翌日、日本橋の老舗の鰻屋に招待していただきました。ところがビール一杯、お酒ひと口、ふた口で真っ赤になって心臓ドキドキ頭クラクラでまったく飲めず、鰻もお土産にしてそのまま帰宅というありさまでした。ああこれで酒とも縁が切れたのかと思ったら、先日亡くなった円楽が聞きつけて「大丈夫だよ。俺が三日で元に戻してやるよ」と三連チャンで銀座六本木で飲みまわり。なるほどすぐに元通りの飲んだくれに戻ってしまいました。さあそれからはこの一年分を取り戻そうと、仕事のない日は朝から、寄席があっても昼席ならハネてから深夜までというのが続く続く。一年ほど経ったころからさすがに体調がすぐれなくなってきました。

　年に二回、福島いわきで「病院寄席」をやっている院長先生が「ぜん馬さん、このごろ顔色悪いから検査して行きなさい」といろいろ調べていただいたらγGTPは一四七〇なんというすごい数字が出て、肝臓もエコーで見るとかなり悪い。大きな病院を紹介するからすぐに行きなさいと、先生の母校の東京医科歯科大学病院へ。すると

「肝臓癌です。切りましょう」と即入院手術となってしまいました。

　何しろ今まで入院なんてしたことがないので前の日には枕元に持って行く物、落語や講談浪曲のテープやＣＤ、本など並べて何となくウキウキしてたら「あんた遠足に行くんじゃないんだからネ！」と怒られる始末。初めて入院して驚いたのは看護師さんがみんな若いのと親切なこと。師長さんなんてきっと恐いおばさんで「ダメですよ！　そんなことしちゃあ」、ああしなさい、こうしなさいとうるさい人とばかり思っていたのに大間違いでした。これなら家にいるよりいいかな、なんて思ったのは、あと十何回も入退院を繰り返すとは思いもしなかったからでしょう。


　初めての入院手術が無事済んで退院。寄席も復帰して、お腹に手術跡、ベンツのマークみたいな傷ができて、楽屋で着替える時に師匠に「こんなになりました」って見せると「手術した奴は必ず見せたがるんだよナ」ってからかわれました。

　ま、何でも経験だから一度くらいの入院手術はいいかもしれないなと思っていたら、ちょうど二年後に膀胱癌が発見されて、これは早期発見だったので内視鏡手術で一週間の入院で済みました。すると翌年、今度は肝内胆管癌が発見されて動脈塞栓術というので手術。

これで打ち止め、と思ったら次はもっともっと大物が現れました。二〇一四年の節分。豆まきで「福は内、鬼は外」と大きな声でやっていたら突然プツッと声が出なくなってしまったのでした。これは大変と病院へ行くと「食道癌です」。医科歯科大の先生は結論が早い。「それも第四レベルです」。それはどのくらい悪いのですかと聞きますと「かなりです。癌細胞は消えても声は出なくなるかもしれません」。

これは大ごとです。手術をすれば声帯を取ってしまうのだからもう噺家としてはやっていけません。前の癌の時はさほど深刻とは思っていませんでした。飲みながらよく仲間と話をするのですが、これまでさんざん酒も飲んだし、バクチもやったし、女も騙《だま》したし、いつ死んでももう思い残すことはないよナ、なんて言っていたのですが、いざ声が出ない噺ができないとなると、もう一度高座に上りたい、落語をしゃべりたいという思いで堪《たま》らなくなりました。それで陽子線治療を受けることにしました。これは体を動けなく固定して癌に放射線を当てて退治するもので、皮膚にも影響を与えるかなり辛い治療でしたが、何とか高座復帰への執念で乗り切りました。この治療は抗癌剤を使ったのですが髪の毛は抜けず、逆に皮膚によくないから髭《ひげ》は剃ってはいけないとのことで顔はすっかり髭面になって、私は仲代達矢ばりになったと思っていたのにみんなは武田信玄とかダルマさんとか言っていました。

この四回の癌騒動で声はとても元通りとはいかないまでも、かなり出るようになりひと安心と思っていたらなかなかそうは行きませんでした。また二年後に夜になると熱が出て、初めのうちは三十八度前後だったのがだんだん高熱になり三十九度以上が三日続いてまた医科歯科大病院にお世話になったのですが、いろいろ検査をしてもなかなか原因がわかりません。最後に骨髄を調べた結果、血球貪食症候群という難病と診断されました。この病気はまだ世界の医学界でもやっと病名が決まったくらいで薬も治療法も開発されていないとのことで、とりあえずステロイド系の薬とか抗癌剤とかを試して五か月も入院しました。気の毒だったのは看護師さんたちで、五月から九月の暑い時期だったのですが私はクーラーが嫌いでいっさい点《つ》けませんでしたから皆さん汗だくで働いてくれました。あとで聞いた話ですが、この病気も今では通院で化学療法の点滴で治るとか。医学の発達は本当に素晴らしいものだと思います。

　これが二〇一六年で、長々と書いてきましたがいずれの癌も再発、転移ではなかったのでまあ安心はしていたのですが、翌二〇一七年からは肝臓癌、食道癌、膀胱癌が二度目、三度目、四度五度と何回も再発して手術を繰り返しました。そして昨年五月にまたまた高熱が続きとうとう救急車で運ばれて二か月入院。また長ったらしい病名で「びまん性大細胞型B細胞リンパ腫」という血液の癌になりました。

毎回これが最後だろうと思いながら十六回の癌の手術と一回の奇病に会いましたが、我ながらしぶとい奴だと思っています。近ごろは一門の若手だけでなく、円楽一門や落語協会、芸術協会の人たちも稽古をしてほしいと言ってきますが、もう余命いくばくもないのがわかってしまったのかとニガ笑いをしています。

知り合いの人たちからは「もう三百席近い持ちネタがあるのにまた新しい噺なんかやらなくてもいいんじゃないの？」なんて言われますが、ただ好きでなった落語家で好きな落語をやって生活できていて本当に幸せだなァと思っている毎日です。

皆、勝手に生きさせていただきます

立川龍志《たてかわ・りゅうし》

一九七一年三月、浅草演芸ホール木戸口。
当時三十四歳、若手ホープの売れっ子の師匠、立川談志に二十二歳の私が「弟子にしてください」。
師「生まれは何処《どこ》だ」
私「墨田区の鐘ヶ淵です」
師「訛《なま》りはねえな学校は」
私「安田学園です」
師「運転免許は持ってるか」
私「持ってます」

免許があるということで即座に入門ＯＫ。このあと師匠は参議院議員選挙に全国区で立候補。車三台で全国遊説に出るためタダで使える運転手が要るとのこと、即入門に合点がいく。私の遊説先は四国九州、本来全国区の遊説は先導車が付いて回るがそれはなし。弟子三人で勝手に遊説。道はわからない、知らないので、人のいない山、海を遊説。ポスターは道行く人に渡し、勝手に貼ってもらう。これは当選なしと思いきや全国区最下位で当選。九州地区では一票も入らない県もあり珍しいとの驚き。もっとも私たちは観光と遊びと思っていたので、当然といえば当然。

その後は昼は議員会館に詰め、夜は寄席で前座修業。師は議員活動も順調で沖縄開発庁政務次官に就任。沖縄に行った際、記者から質問「沖縄についてどう思われますか」。二日酔いでの会見で「沖縄のことなぞわからない」と暴言、即政務次官辞任。その後私は本来の落語家としての修業、日々師匠とともに過ごし酒、遊びと楽しい日々を。五年後二ツ目となる。

その間褒められたのは「お前は酒を飲んでも運転ができる」それだけ。十二年前の二〇一一年、師七十五歳で亡くなり私も今年師匠が亡くなった七十五になり立川流も四十年。師匠の弟子として半世紀、人生半分を師匠とともに生き一年でも師匠より長く生き師から教えを受けた芸を弟子にも受け継いでもらいたいと思うが。

弟子は「冗談じゃない勝手に生きます」。
師匠の辞世の言葉「勝手に生きろ」。
皆、そのようにさせていただきます。

勝手に生きろ！　弟子は馬鹿

立川《たてかわ》談之助《だんのすけ》

師匠、そして立川流家元の立川談志が亡くなって早くも十年以上が経過した。我が談志一門もいまや曾孫弟子が誕生するという時代になった。最近の立川流の入門者には家元の生の高座を見ていない者もいるという。そのような孫、曾孫弟子が尊敬して（いるかどうかは知らんが）従うのは談志一門の兄弟子よりも自分の師匠のほうで、もはや談志一門という認識も実感もほとんどないというのが現実である。

まあそれは致し方のないことで、私を含め落語協会からの弟子だって自分が柳家小さんの一門だという認識などほとんどないのであるから、彼ら孫弟子や曾孫弟子が談志一門より自分の師匠を優先するのは当然の話なのである。

それにしても現在の立川流は落語協会や芸術協会、同じ独立団体である円楽一門会に比べると団体としての独自の活動が少ない。国立演芸場や新宿末廣亭の一門会は寄席側に乗った企画だし、自主的に運営している永谷ホールの一門会は出るのが嫌な者は出演しなくても何のペナルティもない。なにしろ一門の孫弟子が二ツ目、真打に昇進する通知が同窓会のお知らせのようにハガキで来るという一門なのだ。

何か我が立川流はみんながみんな好き勝手なことをやっていて一門としてのまとまりがないように見える。そんな体たらくではあの世で家元が怒っているだろうと思う人もいるだろうが、じつはこれこそが家元談志が考えた立川流の理想の姿なのだと言ったら驚く人もあるだろう。

家元が亡くなる前に弟子によく書いてくれた色紙の文句に「勝手に生きろ！」というのがあった（「弟子は馬鹿」なんてのもありましたが……）。これがたんに落語家としての目指すべき生きざまを示唆した箴言《しんげん》かと思ったらとんでもない、これは文字通り「俺が死んだら勝手に生きろ、あとのことは俺は知らねえ」と家元が弟子に言い残した言葉なのである。

それが証拠に、家元は亡くなる前に弟子に立川流に関して、それこそ何ひとつ指示や示唆を残さないであの世に旅立ったのである。それこそ立川流をこのまま存続させるのか解散させるのか、誰を二代目の家元にして後継者にするのか、どんな運営の仕方をするのか、一門以外のBコース（名前だけもらったアマチュア）やCコース（芸能人）の扱いや上納金のことまで、それこそひとことも言い残さなかったのである。あのヒトラーでさえカール・デーニッツという海軍元帥を後継者に指名して自殺したというのに……。

どんな偉い人物だって自分が創った組織が自分の死後いったいどうなるか気になるだろう。少なくともよかれと思って何らかのサジェスチョンは残しておきたいと思うのが当たり前だ。しかし何ひとつ、本当に何ひとつも言い残さなかった家元はやっぱり凄い人だと思った。

もし家元が自分の死後の立川流についていろいろと指示や願望を遺言として残していたら、残った弟子たちはそれにとらわれて混乱していたろうし、その解釈の違いで対立が生じ、下手をすれば立川流は分裂、消滅していた可能性もあったろう。それはそれで家元も面白がるかも知れないが……。

家元が何も言わなくてさえ、家元の死後、弟子が何度も集まって、残された立川流の組織をどうするか、どのように運営するのか、弟子や孫弟子の修業方法や昇進基準といったことに関してさんざん討議したが、議論が嚙《か》み合わずに空回りするだけであった。とどのつまりが現在の「修業、昇進はその師匠に任せる」という形に落ち着いたのである。まさに家元の「勝手に生きろ！」という言葉通りになったというわけである。

これが新年会、忘年会の挨拶がいつも「元気でやってりゃあいい！」だけの先代柳家小さん師匠であるなら、一門のことは何も言い残さず亡くなっても納得できるのだが、あれだけ論理的でクレバーな家元が自ら創設した立川流のことをどうして何ひとつ指示せずに逝ったのであろうか。

それこそ家元の落語家として送ってきた人生の達観が為せる技だと私は思う。前座のころ、ただ「生意気だ」というだけで二ツ目昇進に待ったがかかって（まあそれも凄いことだが）、自称ではなく尊称の八世家元、桂文治師の助言でやっと二ツ目になれたことや、マスコミで売れて芸も当時の安藤鶴夫に「小ゑんの『蜘蛛駕籠』はいい！」と激賞されながら、志ん朝師や圓楽師に真打昇進で抜かれたり、よかれと思って創った大量真打制度ではからずも三遊協会独立のマッチポンプ役を演じさせられたり、大量真打に代わって実施した真打昇進試験では今度こそ協会から独立することになってしまったりした。

これらの自分に降りかかった出来事や協会で起きた事件を客観的、俯瞰的に見て

「一匹狼の落語家が集まって話し合ってもろくなことが起こらない」という結論に達したのではないだろうか。

立川流というと立川談志とその一門のことのように思えるが、じつは家元が落語協会を脱退して立川流を創設してから、談志一門が立川流として揃って行動したことは数えるほどしかない。立川流としてのイベントは、談志がやりたいことをやるために、その都度メンバーを集めてやるというものがほとんどだった。

弟子が家元をゲストで呼ぶ会はあっても、立川流主催で家元が弟子と親子会をやるということもめったにないし、国立演芸場の「談志ひとり会」などは途中から一門の二ツ目はおろか前座も使わなくなっていた。

早い話が立川流とは、家元談志がやりたいことをやるための組織であり、言い換えれば立川流イコール立川談志だったのである。それは家元がわがままだからとか弟子を軽視していたからというわけではない。「勝手に生きろ！」は家元自らが悟り、実践してきた道であり、弟子に何か強制したらそれこそ自己矛盾になってしまうのである。

家元にしてみれば、自分が逝ったあとに立川流が解散しようが自分の一門だけの団体を立ち上げようが、各々が勝手に好きな団体に入ろうが、それこそ「勝手に生きろ！」だったわけである。そういう意味では立川流をそのまま残してしまった弟子に対して、家元は「尻腰のねえ弟子どもだ！」とあの世で呆れ返っているかもしれない。

釈迦もキリストも孔子も亡くなるときには弟子に後のことを言い残さなかったという。仏典も聖書も論語も本人が書いたものではない。後年に弟子が集まって勝手に「師匠の言ったこと」としてでっちあげたものなのである。なかにはキウイみたいな弟子もいたことだろう。そいつの言ったことも後年の信者は「教祖の言葉」と信じてありがたがっているというわけである。

この三人の聖人も「勝手に生きろ！」と言いたかったのではないか。釈迦もキリストもどちらも死ぬ時に「私の教えはのちの世に正しくは伝わらないだろう」と言い残したそうである。やっぱり家元と同じで「弟子は馬鹿」だと言いたかったのではないだろうか……。

いやはや驚いたのなんのって

立川志の輔《たてかわしのすけ》

弟子ですから当然、数えきれない師匠の思い出があるわけです。ただ、その思い出のどれもが驚き抜きには語れないという、それこそが師匠談志と言いましょうか、とにかく弟子全員、「驚きの連続」の日々だったはずです。

では、わたくし志の輔にとって、選りすぐりの三つの「驚き」をご紹介致します。

最初の驚きは入門半年後、師匠のお供で落語会へ向かう都バスの中でのこと。私の隣で吊り革につかまっていた師匠が突然、「志の輔、俺は出る」。俺は出るって、どこかの落語会やテレビ番組に出るってことかな？　キョトンとする私に師匠は矢継ぎ早にこう続けたんです。「俺ぁ寄席を出る。いいか、寄席に出るんじゃねえ。寄席を出るんだ」と。思わず「はぁ？」と聞き返す私に「落語協会を出る。お前は俺がひとりで育てる、文句ねえだろう」。これが、師匠よりじかに告げられたいわゆる「落語立川流立ち上げ」の個人的宣言だったわけです。このあと「落語協会脱退」事件は、落語界や寄席関係者はもちろん、マスコミやファンまでも仰天させ、ワイドショーにまで取り上げられ、落語史に残る大騒動となったことはご存じの通り。

結果、私は従来通りに行けば、あと一か月後に、前座として寄席に入る予定でしたが、急遽変更、寄席での修業に入らず、家元制度の立川流の弟子第一号になったという、立川流はおろか落語界でも唯一無二といっていい、特殊な状況で落語家人生をスタートすることとなりました。いやはや驚いたのなんの。

ふたつ目の「驚き」は、無茶ぶりの数々です。これはすべての弟子が経験してるでしょうが、私へのとんでもない無茶ぶりの最初がこれでした。

「いいか、お前は立川流の実験第一号だ。俺がひとりで育てても落語家になれるんだ、ってこと証明してこい！」

寄席での修業なくして、落語を生業としていく術を一から模索しなくてはならないことを、三十手前の、海のものとも山のものともつかない若造の私に、よくもまあぁんなことが言えたもんだと思うのですが、いま思えば、そんな無茶ぶりに、何も知らず、何も分からず、でもしゃべる場所は自分で作らないと何も始まらないので、本当にメチャクチャチャレンジしてみた私。いま思えば、師匠も師匠なら私も私……だったということです。

そして三つ目の「驚き」は、立川流創設十周年公演の国立演芸場でのことです。出番を終えた私は楽屋に戻るといつも通り「お先に勉強させていただきました」と師匠に挨拶したのですが、いきなりこの言葉が飛んできたのです。

「志の輔、お前、今の落語で、何が言いたかったんだ」

突然の予期せぬ言葉に不意を突かれ、一瞬、頭が真っ白、思わず「すいません」のひとことでその場を去りました。しかし、のちにこの言葉が〝志の輔らくご〟を創る原動力となっていきます。ありがたい言葉だったんですが、師匠、この場で訊ねるのもなんですが、あの時の「お前、何が言いたかったんだ」の本当の意味は、私がいま思ってることで合ってるんでしょうか！　まさか、違うんですか！　だとしたら、これまで書いてきた三つの驚きを合わせても足りないくらいの驚きなんですけど……。

しかしながらいま思う一番の驚きは、結局は今から四十年前に、師匠はすでに落語界の行く末を五十年先、いや、百年先を見ていたんだ、ということです。今はホールや劇場はいうに及ばず、ありとあらゆる空間で当たり前のように行なわれている落語ですが、そんなこと当時は考えられませんでした。落語界一、寄席を愛していたと言って過言ではない師匠が、複数の理由があったにせよ、落語はもっと寄席以外のいろんな空間でも演じられていくべきだ、世間に影響を与えられるはずだ、と危機感のようなものをずっと持ち続けてきた、それを脱退という実行に移したことの「驚き」ですよ。何なんでしょう、この先を見通す眼力と実行力……きっと、落語の神様から「談志よ、今だ、動け」と言われたのでしょうか。ものすごい不安だったでしょうに、「なっちまったもの、しゃあねえや。成り行きだ」と言いつつ、毎日いろんなところへ出かけては取材に、番組出演、落語会と慌ただしい毎日を送っていた師匠を、鞄を持ってそばで見ていた四十年前の私ですが、これを書きながらあらためて当時を思い出し、驚きがまた新たなものになりました。

そうそう、最後は私にとって、とびきりハッピーな驚きで締めくくります。入門した当時はよく、「俺は基本的に新作は好きじゃねえんだ」と言っていた師匠でしたが、晩年根津のマンションにお邪魔した時、いつになくご機嫌な師匠が「お前の新作はいいよ、あのーなんて言ったっけ、あのー『ようなもの』ってのがいい」と言ってくれたと思ったら、そばのおかみさんが「私はね『親のなんとか』っていうのが好きよ」と、完全なタイトルが出てこないまま、楽しそうにふたりでお茶を飲む姿、あの光景は本当に予期せぬうれしいオ・ド・ロ・キの思い出です。

孫弟子たちが創る立川流の未来

立川談春《たてかわ・だんしゅん》

結局は人生に何を求めるのか、ということなのだから。親子兄弟だって分かり合うことなんて……。

「弟子には売れて欲しいと思う。しかし、それを拒否する人生を送る奴等を否定することは俺にはできない。志《こころざし》なく生きることを目的と定めることを間違いだと決めつける力を、師だからといって持っていいはずがない」

私が前座のころに酔いがまわった談志がよくつぶやいていた台詞《せりふ》で、直弟子ならば皆が何度か聞いた覚えがあると思う。このつぶやきのあと談志は決まって暗く思い詰めた表情をしていた。十代の私は「師匠って弟子に売れて欲しいんだなぁ」と思い込んだ。高校を中退し十七歳で入門した私は知恵も経験もないうえに、自我の確立がなされていなかった。そんな少年が覚えた知恵は、芸も生き方も師匠を真似ることだった。ある種「信仰」に近いものだったとは思うが、あえて信仰という言葉を使うところが我ながらいやらしいと思う。他者、読者が読むことを承知で、信仰と表現する自分が好きではない。違う言葉で表現してこそ当時の私の心情は伝わるのだとは思うが、そこにこだわると原稿は一行も進まないし、信仰以前に物事にそこまでこだわると発狂してしまうのではないかと思う。少なくとも現在の「私」ではなくなる。いまの「私」ではいられない。

五十半ばを過ぎた結果、私の自我は凝り固まったようだ。

己れが弟子を持ち師匠の立場になれば、弟子に信仰を求めるのは私にとっては当然である。そんな師匠に耐えきれず多くの弟子が辞めた。残ったのはひとりだけだ。「何で辞めるのか。俺の求め方は間違っているのか」と考える。考えて気づいた。談志は私に信仰など求めていなかったのだ。師を盲信することが私にとって必要でなにより楽しいことだったのだ。思い起こせば私は談志に怒られて、怖いとか嫌だと感じたことが一度もなかった。むしろ嬉しかった。褒められるほうが怖かった。

怒鳴る、という行為は感情で相手と向き合うわけで、人間は感情を他者にぶつけている状態では己れを取り繕うことができない。その状態で発した言葉、表情、音韻はその人を理解するのに一番早く効果的だと十代のころから思っていたからだ。褒めるという行為には相手への思いやりも含めるから表情を見ているだけでは真意はわからない。表情の一部分、目の奥を見ないと私は信じることができないのだ。

当たり前のことだとは知っているが多くの人は怒鳴られることが嫌いらしい。

ひとり残った弟子、小春志に一度だけ本気で芸を教えたことがある。小春志が入門十年目を過ぎたころだと記憶する。徹底的に絶対的に俺の真似をしろと。教えた期間は二週間くらいだったか。小春志は上手くなった。その上手さとはあくまでも私の好みではあるが。そしてその上手さは観客にも伝わるという自負があったが、小春志の表情から生気が消えていったのでわけを聞くと彼女は言った。

「自分でも上手くなっていると思うし、お客様も上手になったと言ってくれるんです。でも、以前より話している貴方が楽しそうに見えないと。私も楽しくないんです」

己れの芸人人生のすべてを否定されたと私は感じたが不思議と怒りはまったく沸いてこなかった。失望も落胆もなかった。あきらめもない。彼女の言葉通りの意味をそのまま受け止める己れにちょっと驚いただけだった。

で、放っておきますよね。間違っていないですよね。

二〇二三年五月、つまり今年小春志と改名させて真打にしたのだが、このところ小春志の芸の伸びに我が弟子ながら驚いている。もしかすると良い落語家になれるかもしれない。筋だけだが道が見えてきた。

談志が最晩年に私の女房に向かって耳元で囁《ささや》いたそうだ。

「まさか談春が売れるとは思わなかった。本当に思っていなかったんだ」

立川流の未来は孫弟子たちのものである。

現在の孫弟子たちを見ていると、自由で個性がなければ芸と認めず、自分の言葉で己れを語り、落語を通して自己を表現する。皆が皆それを目指しているように私には見える。

表現における自由とはなんなのか。その答えを私はもたないが、話芸、伝統芸能には「頸木《くびき》」がある。それは芸人、表現者を繋ぎ止めるためにあるのではなく、いつかそれから放たれるためにあることは知っている。

「枷《かせ》」がないと私は自由について考えることも一歩も進むこともできなかった。

これも談志の最晩年、地方のホテルのエレベーター前でふたりっきりの時に、談志はこう言った。

「立川流って屁理屈をいう集団になっちゃうのかね」

それでも未来は孫弟子たちのもの、だよ。

落語界ひとりぼっち

立川志らく《たてかわ・しらく》

落語界を統一しようと夢見て動いていたのが六代目円楽師匠であった。その行動は賞賛したい。円楽師匠は私にとって恩人でもあるので、落語界統一のために開催されていた博多天神落語まつり、大江戸落語まつりに何度か参加させてもらっていた。円楽師匠亡き後、その動きはどうなるのかわからないが、私個人の考えは、落語界統一にはかなり懐疑的である。

そもそも談志は落語協会に不満があったから脱会をした。そして寄席がなくても落語家は育つのだと主張し、結果、売れっ子を世の中に輩出した。寄席修業および寄席出演の経験のない私にとって、落語界が統一して今さら定席に出られますよと言われても、迷惑以外の何ものでもない。

もちろん、落語家になる前は客として寄席には通っていたし、寄席に出演することが夢のひとつではあった。しかし現在、もし寄席で十日間トリを勤めてくれと言われたら、メモリーとして一度くらいならそれはありだが、定期的に出ることが義務付けられたらそれは苦痛である。

なぜ苦痛なのか。毎日あの空間で落語を語れることはじつに魅力的ではある。ただギャラが安すぎる。本当は金なんてどうでもいい。ほかで稼げばいいのだから。でも金はプライド料でもある。現在の出演料がどのくらいなのか定かではないが、寄席に十日間出演したからといって生活できるだけのものはもらえていないはずだ。学生のバイトと同じくらいなのではないか。だからほかによいギャラの仕事が入ると多くの落語家は寄席を抜く（休む）。そして代演を入れる。

私がかねてから主張しているのが寄席のブロードウェイ化である。部外者が大きなお世話ではあるが、落語界を統一するのならばそれが条件だ。寄席には一流の芸人しか出ない。客も寄席に行けば現在最高の芸を堪能できる。そしてプライド料であるギャラも文句ないものにする。そうなれば落語界を統一する意味が出てくる。現状で統一したって、ただ仲良くなりました、だけで終わってしまう。

　では本当にブロードウェイ化しなければ寄席の存在価値はないのか？　というとさにあらず。寄席は落語家を育てるには素晴らしい空間である。寄席がなくても志の輔、談春、志らく、談笑は育った。だがそれは放っておいても勝手になんでもやるタイプだからだ。そうでない、例えば私のたくさんいる弟子たち。かれこれ三十人ほどの弟子をとってきたが、つくづく寄席があったらなあ、と思う。大勢の若者を師匠がひとりで育てられるわけがない。落語家としての基礎はなかなか身につかないのに、師匠から受ける影響は莫大で、皆頭でっかちな、『道灌』も満足にしゃべれないうちに古典にギャグを入れ、演出をし、新作、さらにはコントにまで手を伸ばしてしまう。つまりは場慣れした落研になってしまうのだ。ピアノのバイエル（練習曲）を弾けない奴がアドリブ演奏したり、編曲したり、バイオリンにまで手を広げたらそりゃ仲間内の客は喜ぶだろうが、世間からは相手にもされない。そういった連中を一人前にしてくれるのが寄席である。みんなで寄ってたかって落語家にしてくれるのだ。寄席の席亭さん、私の弟子たちを寄席で修業させてくださいませんか？

「志らく師匠が定期的に出演してくれたら考えますよ」と言われるのが落ちか。

　寄席問題もそうだが、談志が落語協会にもっていた不満がいまだ解決されていない。

されていないのに落語界が統一されてのこの席亭に頭を下げて弟子たちが寄席に出演していいのだろうか？　これほどの師匠不孝はないと私は考える。

談志の不満は真打問題。明確な基準がないと談志は嘆いていた。だから立川流では真打になるには落語百席、加えて歌舞音曲、動員力、そして師匠と共有できる価値観という基準を設けた。昇進を決めるのは家元談志であったが、その談志亡き後は個々の師匠が決めることになる。私を含め、談志ほどのカリスマ性がない弟子たちにとっては、果たして自分が決めていいのだろうかという疑問もある。まあ、落語の数や歌舞音曲、動員力は判断できるが、師匠と同じ価値観、ここが引っかかる。

それは置いておいて、従来の真打昇進の基準は年功序列。抜擢真打は寄席の席亭と協会幹部からの推挙。抜擢はそこにそれほどの問題はない。ファンも納得だろうし、それだけの明確な落語の腕と人気があるから。問題は年功序列。つまり十五年から二十年経てば誰でも真打になれるということなのだ。

五代目柳家小さん師匠は、真打がスタートラインなのだからそれでいいとおっしゃっていた。素晴らしい考え方である。でもそれは落語界内部での話。世間の真打のイメージは違う。スタートラインではなくゴール地点。真打＝凄い落語家。だから客が失望することも多い。名前は知らないが真打なのだから面白いに違いないとその落語家の会に行き、がっかりしたなんて話をどれだけ聞いたことか。世間は真打を国家試験ぐらい価値のあるものだと思っている。

弁護士になるのが年功序列だったとしたら？　誰がそんな弁護士に弁護を依頼する？　プロ野球選手が十五年二軍で練習したから一軍に上がれるというシステムになったらどう思う？　厳しい国家試験を通過した弁護士や医者でも酷いのはいる。厳しい競争を勝ち抜いて一軍に上がった野球選手でも大したことのないように見えてしまう選手もいる。それなのに落語家は年月が経てば真打になり、師匠と呼ばれるようになるのだ。だからもっと真打昇進の基準を明確にして厳しいものにすべきだし、となると生涯真打になれない落語家も出てきてしまうわけで、それがダメならば上方落語界のように身分制度はなくして、売れた者が偉い、みたいな、厳密にはそうではないのだろうが、あるいは寄席をブロードウェイ化してそこに出られない落語家は一流じゃないと世間に知らしめるか。

結局、落語界を変えようとした談志が立川流を作って、寄席がなくても落語家は育つと言うことを証明はしたが、その談志がいなくなってしまうと立川流というのは名ばかりで、それならばさっさと落語界を統一して、立川流の落語家もどんどん参加して盛り上がるしかないのかもしれない。

ただ、少なくとも私はそこには参加しません。志らく一門だけ孤立するのかなあ。いや、弟子たちは一人前の落語家になるために寄席に行くべきだから、となると志らく独りだけが孤立ってことか。それはそれで寂しいけど、落語協会会長の市馬さんとは懐メロの同志だし、花緑とはライバルだし、喬太郎と白鳥は大学の同級生だし、三平は悪口を言いながらも大好きだし、柳家一琴とは演劇仲間だし、五代目円楽一門の楽春さんとは友達だし、六代目円楽師匠にはお世話になったし、芸術協会会長の昇太さんとは腐れ縁だし、文治が破門した弟子を引き取ってあげたし、竹丸さんとはドラゴンズ仲間だし、昇吉は『プレバト!!』で俳句のライバルだし、伯山とは喧嘩仲間だから、まあ孤立してもそんなに寂しくはないな。それに師匠の談志は私の身体の中にいると決め込んでいるので心強いのです！

デシモシンダ

立川生志《たてかわ・しょうし》

師匠の死から十二年、そして落語立川流の創設から四十年。ということは、立川談志が落語立川流家元としてこの世に存在していたのは二十八年である。

僕は一九八八年に談志の門をたたき、「笑志」を拝命して前座・二ツ目を過ごし、「生志」の名で真打に昇進し、師匠が亡くなるまで二十年以上にわたって関わらせていただいた。その師弟の四半世紀の模様は拙著『ひとりブタ 談志と生きた二十五年』(河出書房新社)を読んでいただければ幸いだ。

そこで、ここでは家元のことではなく、談志に入門したからこそ出会え、すでに鬼籍に入られた直弟子について書き記す。

立川文都

文都兄さんは志の輔師匠と談春兄貴の間の弟子で、僕が入門した時分は二ツ目で「談坊」と名乗っていた。大阪出身でソフトな関西弁をあやつり、細身で端正なルックスでいながら、笑いには貪欲でサービス精神満点な落語家だった。それでいてプライベートではとても繊細な気遣いの人で、ふだんは穏やかなのに酒が入ると感情が昂《たかぶ》ることも多かった。

僕が前座で当時の談坊兄さんと池袋の居酒屋チェーン店に入ったときのこと。女性店員の接客が横柄だったので僕が強めに注意をすると、兄さんが優しく「まぁまぁ、笑志ええがな」となだめてくれた。兄弟子に気を遣わせてしまった僕は「すみません」と兄さんに詫びた。それから落語談義に花を咲かせながら機嫌よく酒を飲み進めたのだが、何度目かの追加注文のときにその女性店員がまたやらかした。だが、兄弟子の手前、僕は我慢して見過ごすことにした。すると、「おい、待たんかい」と談坊兄さんが低い声でつぶやいた。かと思うと、板張りに置かれた薄っぺらな座布団に立ち上がり、女性店員にソフトではない関西弁を容赦なくぶつけた。彼女も周りの客も全員驚いていたので、今度は僕が兄さんをなだめて店を出た。するとうってかわって「笑志、すまんなぁ。でも、あのタレ（女性）あかんやろ！　笑志すまん、ホンマすまん」と僕が恐縮するほど謝ってくるので「兄さんが僕に謝らないでくださいよ」と言うと「そやねん！　何で俺がお前に謝らなあかんねん！」ときっちりツッコんで、また優しい兄さんに戻っていた。兄弟子としてちょっと怖いところもありながら、兄弟子なのに自然と甘えてくる人懐っこさが兄さんにはあった。

文都兄さんの繊細というか細かい一面のエピソードをもうひとつ。僕が真打昇進の翌年に大病を患い入院していたとき、僕の携帯電話に文都兄さんから着信があった。兄さんは胃癌で入院しているはずなのに、気遣いの人だから、僕を心配して電話をくれたんだと思いながら通話ボタンを押した。開口一番、「お前、個室か？」。「生志、大丈夫か？　どこが悪いねん？」という言葉が聞こえてくると思っていたのだが予想は裏切られた。「兄さん、何でわかるんですか？」と訊くと、「電話に出るまでのコール数とお前の声の大きさや‼」。僕は「兄さん細かっ！」とお約束のツッコミを入れた。それから、お互いの病状や、退院したらああしたい、こうしたいと語り合った。二〇〇九年三月のことである。

僕は幸運にも今もこの世にいるが、文都兄さんはその年の十月二十九日に四十九歳でこの世を去った。大阪で取り行なわれたお通夜に向かうと、前座仲間だった志雲（現・雲水）くんと元・國志館の三遊亭全楽くんが先にいた。棺に横たわる兄さんに手を合わせると自然と涙があふれてきた。その晩は前座を過ごした仲間たちと、談坊時代から文都時代に兄さんをしくじったことや細かすぎる性格のことで、はたから聞くと悪口としか思えないような話をして笑って泣いて朝まで過ごした。それぞれが文都兄さんとの思い出を語りながら、あらためて人懐っこい芸人らしい芸人だったんだなとしみじみ感じた夜だった。

立川左談次

左談次師匠は家元の二番弟子で、僕からすると雲の上の存在だった。にもかかわらず多くの思い出をいただいた。銀座での独演会「はたらく！左談次」の楽屋を志雲くんとふたりで手伝わせてもらい、打ち上げ会場のビアホールで披露する前座の余興はハードな修業の場でもあった。左談次師匠の軽くて粋で飄々《ひょうひょう》とした様子は東京の落語家らしくて田舎生まれの僕にはカッコよく憧れであった。歌舞伎の高島屋、市川左團次丈とのご縁をつないでくださったのも左談次師匠だった。「さだやん」と呼ばれ、山藤章二先生、高田文夫先生、吉川潮先生など多くの文化人との交流があり、落語協会、落語芸術協会、円楽一門会と、流派を越えて落語家たちに慕われていた。夜中に突然、故・志ん五師匠のお宅にお供したのもよき思い出だ。

思い出はたくさんあるのだけれど、一番印象に残っているエピソードをご披露しよう。僕の故郷、福岡での真打昇進披露落語会に来ていただいたときのこと。キャパ千八百人超の、当時の福岡で一番大きな会場で満員のお客様。もともとオーケストラ専用の劇場のため、音が反響して落語の声が通りにくいところへ、既に喉の調子がよくなかった家元の高座が一部の客席に届かなかった。ピンマイクを家元にだけ仕込んでもらったのだけれど、客席の反応で家元もそれを感じたのか、高座を降りてきて疲れた表情で汗を拭いながら長い楽屋までの道を家元が歩いていた。その後ろを左談次師匠、志の輔師匠、談春兄貴、そして僕は黙って続いた。と、家元がふと立ち止まったかと思うと我々の方を振り返って「俺ももうダメかな…」とつぶやいた。誰もが家元の突然の弱音に戸惑ったが、一瞬の沈黙のあとに、これぞ絶妙という間で左談次師匠が「まだまだ！」と声をかけた。すると「そうか！」と家元が笑顔になってその場が和んだのだ。あんな場面で家元に声をかけて空気を緩めてしまえるのは左談次師匠でなければできない芸当だと思う。

後年、桂文珍師匠とご一緒したときに「左談次さんという方はええなぁ。押し出さなくてもちゃんと笑わせて飄々としてはる。ああいう噺家はなかなか居てへん。えらいモンやなぁ！」とおっしゃった。僕が褒められたわけでもないのに、嬉しく誇らしく思ったのを覚えている。

酒を飲んで「バーローてめえ‼」と激しく悪態をついたかと思うと、本名が山岡通之だから「ミチ寂しい…」と急にはにかんでみせる。憧れの落語家だった。左談次師匠享年六十七歳。

桂文字助師匠、朝寝坊のらく兄さんは廃業してから、立川談大くんは二ツ目で、志っ平くんは談志一門から文治一門に移り真打の五代目柳家小蝠としてこの世を去った。みんな立川談志の弟子だった。今は亡き兄弟弟子たちのことも心に留めていただけたらと思う。

落語立川流創設四十年の記念に。

「立川」という川の流れはいま

立川雲水《たてかわ・うんすい》

一九八三年に家元立川談志がその水路を拓いたことによって落語界に生まれ、今も流れ続ける立川という川の流れの歴史を振り返るとともに、その将来を私なりに展望してみましょう。

私がこの川に飛び込んでその末席に加わることを許されたのが一九八八年ですので、最初期の五年間に関してはそれほど詳しくは語れませんが、私の知る限りそして体験した限りの印象で申さば、当時の立川という川はなかなかの急流にして清流でございました。そしてそのぶん水温の方は相当に低うございまして、うっかり飛び込んできた見積もりの甘い若者がその身を凍らせて震えながら逃げ去っていく……なんてことも一再ならずあったものです。

さて四十年の時を経た二〇二三年の立川の様相は当時と比べてどうでしょうか？川幅はかなり広がり水深も多少は深くなったように感じます。流れの速さ強さは急流と見られる部分と緩流と見られる部分が同等程度存在していてどちらか一方に偏っているわけではないでしょう。

一概に何が良い悪い、どちらが正しい間違いといったものではなく、昨今流行《はや》りの多様性ではありませんが、多種多様な者を包括しているということは重要なことであり、豊かであることの証左であるとも思います。

ほとばしる激流がたびたび氾濫を起こして物議を醸すことの多かった往年の立川が少し懐かしく感じられなくもないのですが、細くて急だった立川が太くて大きな立川になるのであれば、それはひとつの目指すべき未来ではないかと考えられます。

立川が今後もさらに豊かになって、その川縁に多くの人々を集め、楽しませることができるように祈る次第であります。

「よく書けてる。褒美に真打にしてやる」

立川《たてかわ》キウイ《きうい》

どんなに時代が変わっても変わらないのは人間の心や気持ち。枝葉は変われど根は変わらない。だから落語も残ってる。

それは今もよく耳にします。

「昔のほうがよかった」

これはいつの時代にもある大人のグチ。若い世代が新しさを探っていく中で、誰もが年を重ねていくと同時代性を失っていきます。

諸行無常。なんでも移り変わるし変化は避けられません。

二〇二三年の今はコンプラやポリコレなどで従来の価値観が洗浄されてますけど、落語界でレジェンドとなった立川談志は、もしも今ならどうだったでしょうか。

パワハラにモラハラで訴訟を起こすお客さんや弟子がいたかもしれません。しかし理知的な師匠でしたから、時代を認識して状況判断も上手く、現代でもいろいろとシャレのめしていたように思います。

そりゃ実際はどうなるかわからないですけどね。たらればなので。

これから書くのは、僕が新潮社から二〇〇九年に出した一冊を師匠が認めて、本で真打昇進を決めてくれた二〇一〇年の時の話。

本当に思ってもみなかった出来事です。


キウイは絶対にシャレだと思った。

そんなはずはない。自分が真打だなんて。

「キウイ、あれは夢だ」

『芝浜』みたいなオチになるに決まってる。いつもの朝令暮改だと。

キウイは今、地下鉄に乗って師匠が住む根津のマンションに向かっていて、それは自分が本当に真打になっていいのか談志に確認をしに行くのである。

というのも真打昇進の件を聞いた新潮社が、本の帯を「万年前座が真打に」と改め、それでまた売り出そうという応援の話が出たからだ。

入門して二十年目。そのうち前座が十六年半。二ツ目の期間が「立川流の傑作」の志の輔よりも短い。そんなスピード出世があるだろうか。

「キウイ、お前、字が書けるんだな。真打になっていい」

ある日突然そう言われた。それで真打。どうしても叶わず十六年半かかった二ツ目昇進を思えばよけいに信じられないでいる。

いろいろなことが本当にあった。今は癌で闘病中だがまた元気になる。きっとまだまだ振りまわされるだろう。

車窓から反対車線のホームをぼんやり眺めながら、キウイは談志との思い出にふけり始めていた。


師匠が寿司屋に連れてってくれた時だ。

「板さん、こいつに寿司を二人前」

やはり優しい人だとシミジミ。

「ただし前座だからネタはなし」

そしたら本当にシャリだけが二人前出てきたっけ。

そして食べ終わった後、師匠が聞いたんだよな。

「どれが一番うまかった？」

仕方ない。「はい、ウニです」って。

「そうか、そんなにうまかったか」

ぜんぶ酢飯だって。


あれは入門して二年目くらいだったかな。暑い夏の盛りで、まだ携帯電話も普及していないころだ。

雲ひとつない青空、大変に日差しの強い昼下がり、それで師匠に連れてかれたのが
「サウナにいこう」

駅前の蒸した公衆電話ボックス。

そんな暑苦しい中に暑苦しい人とふたりで入るのは、本当に暑苦しいのなんの。

二十分ほどいて外に出て、頬からあごに汗をたらしながら師匠は笑顔。

「タダでイイ汗かいたな」

イヤな汗だったなぁ……。


木久扇師匠が木久蔵だった当時、上野で仲間と宴会してたら、どこで知ったのか店

に師匠から電話が。

「俺だがね、今、横浜にいる」

木久扇師匠はイヤな予感がしたって。

だって「今は川崎」「品川」と電話がきて、だんだんに近付いてくるから。

「待たせたな」

呼んでもないのに来ちゃったよって、テレ屋だからって笑って話してくれたっけ。


「アイツはどうしようもねぇ」

たしか週刊誌で薬物についての取材。師匠はシャレも含めて誰かを悪く言ったりするけど、その後は必ず自分も刺すかおとしめたりしてた。

「とはいえ俺も大して変わらねぇけどな」

人を刺すからには自分も必ず刺す納め方、バランス、勉強になった。

「アイツは覚醒剤だが俺は大麻」

それ両方ともただただ悪いだけ。そこの過剰サービスはもちろんカット。


あれも忘れられないよな。

いろいろと飲み比べて「やっぱりビールはA社に限る」と、師匠が『目黒のさんま』みたいなひと言で〆るイベントの時だ。

師匠って酒は強くなかったからね。飲み比べてるうちに気持ちよくなっちゃった。

「談志師匠、ビールはどこのが美味いですか？」

「酔えばどこも同じ」

間違ってはいないんだよね。

そうこうしてるうちにキウイは根津に着いた。

地下鉄の駅から出て師匠の住むマンションまでの真っすぐな一本の道。それはなんだか死刑台の十三階段のようにもキウイは感じた。なにも悪いことはしていないのに。吉と出るか凶と出るか。長い長い長い長い前座と破門中を思えば、真打になれなくたってどうってことはない。期待するな。あてと褌《ふんどし》は向こうから外れる。

キウイは覚悟を決めてマンションのインターホンを押した。ままよと。

「入れ」

談志の声がインターホンから聞こえた。アポはとっていても談志がいない来ないはよくあるから第一段階はクリア。

「失礼します」

そう言って玄関から奥の部屋に入り、談志はパジャマ姿でラフな格好。テーブルの横に座っていて見上げながら聞いた。

「なんだ？」

まずは座り、そして意を決する。

「師匠、私は本当に真打になってよろしいんでしょうか」

あとは事情を説明した。

「先日、真打になっていいと言っていただき、それを担当編集者に話しましたところ、それならば本の帯を新しくしてあらためて売り出しましょうと言われまして、『万年前座が真打に』、そのように書いてもよろしいでしょうか」

そう話して深々と頭を下げて、また頭を上げるまで、どれほど怖かったかは言うまでもない。

「なにぃ？　真打だ？」

やっぱりダメか。それと同時にそんなことを聞いてしまったがために、また今度は四度目の破門になったらどうしようとおびえた。

「真打なんて書くな！」

怒ってる。どうしようと、ますますおびえる。そこへ談志はより語気を強めた。

「いいか、名人と書け名人と！ 売るためならそんくらいのことを書け！ まだわかんねぇのか」

キウイは啞然とした。これまた思ってもみなかった返事だからだ。

名人？ 迷人ではなくて？

しどろもどろになりながら聞く。

「あの…本当にそんなことを書いてもよろしいんでしょう…か？」

「いいんだよ、俺が書けって言ってるんだ。不服か」

「いえ、そんなことはございません」

また頭を下げるキウイに談志はおもむろに告げる。

「お前、真打になっていい。落語もやっていい。……ただし、人前ではやるな」

えっ？ と驚き顔を上げれば変にうれしそうな表情をしている。シャレでイジったのだ。そして腕を組んで言った。

「お前はね、イヤな下手じゃない。だからイヤな上手いよりマシだ。お前と落語とフィットさせりゃいいんだよ。芸とはパーソナリティのことだ」

弟子への情と優しさである。理不尽は枝葉。根は温かさ。テレ屋だけにそうなる人なのだろう。アメとムチかもしれないが愛すべき面は強い。芸人とは愛である。

帯は後日、別の発言に決まった。

「よく書けてる。褒美に真打にしてやる」

それから翌年のキウイの昇進を見届けた四か月後に談志は逝く。それで生前最後の真打となったキウイは当時よく思っていたことがある。

談志が死んだ？


人生成り行き。師匠のお言葉です。

世の中、落語立川流、それこそ自分にいつなにが起きてどうなるかわからない今もこれからも、そんな心持ちでいます。やはり過去よりも未来。

未来とは、修正できると思っている過去。師匠はそうも言ってました。

諸行無常にも元気が一番。昼寝はしても絶望はしない。ではまた。

立川流〜その未来予想図〜

立川志遊《たてかわ・しゆう》

えっ！

師匠の名前で、またまた本を出していただけるんですか⁉　没後、すでに十二年。ありがたい。じつにありがたいことです。

しかも、今度は天下の大出版社、小学館とはッ！

よっしゃ！　またとない機会。

私がここ数年来、自分の胸に収めていた、令和における落語家像について、今後目指すべき立川流の在り方について、また立川流のファンの方が一番気になっているであろう次期立川談志襲名などの事柄について、忖度なしに存分に語らせてもらいます。

よろしくお付き合い下さい。

ん〜それにしても小学館ですか……。感慨深いなぁ〜…。

一九六七年生まれの自分には、成長とともにあった雑誌が小学館でしたよ。学習雑誌『めばえ』『幼稚園』から始まり『小学一年生』ときて『三年生』までは親が買って与えてくれました。

お小遣いで初めて自分の意思で買ったのが、ハイ！　みんな大好き『コロコロコミック』。

看板のドラえもんは別格として、『ゲームセンターあらし』は覚えてますねぇ。ブロック崩しとかインベーダーとか、今に続くテレビゲームの先駆け。出っ歯でボタンを連打したり、ヨガのポーズで相手を倒したり、何だかわからない必殺技は、インパクト大でした。

そして夢中になったのが内山まもる先生の『ザ・ウルトラマン』。早々にウルトラ兄弟が皆殺しにされるというトラウマ的な序盤から、生き残った長兄ゾフィーが復讐をしていくという胸熱展開。この作品がきっかけでウルトラマンの再ブームが起こり、『ウルトラマン80』が作られたんですが、いやいや、これはつまらなかった。

覚えているのが、

♪ウルトラマン　エイティ〜

き〜み〜は誰かを〜愛しているかあ〜あ〜

という主題歌と出演者のひとり、石田えりさんの演技のド下手だったこと。子供心に「この人はこの先、食べていけるんだろうか」と、本気で心配しましたが、杞憂でした。後年『釣りバカ日誌』のみち子さん役をはじめ、みごとなご活躍ぶり。はぁ〜女優は怖い……。『遠雷』では大変お世話になった、思春期男子のひとりです。


中学に入って、いっぱしのプロレスファン。当然、梶原一騎先生原作、原田久仁信先生作画の『少年サンデー』連載『プロレススーパースター列伝』を熟読。

マスカラス編ではライバルのデストロイヤーが怪我したマスカラスにいい治療法を教えてくれたとか、ハルク・ホーガン編では、そもそもロックスターを目指してたホーガンが自分のアイドルだったモハメド・アリと対戦したアントニオ猪木を倒すべくレスラーになったなどなど、与太話、否、梶原ワールド満載。

それらの知識、落語家となった現在、何の役にも立ってないのは言わずもがなです。

高校になると大人気だったのが、あだち充先生の『タッチ』。周りの男どもはみんなあ〜だこ〜だ『タッチ』の展開を議論してました。ところが！

まかり間違って、すでにそのころの自分は『タッチ』ではなく「タッテカワ」、カッちゃんはカッちゃんでも、松岡のカッちゃんの方に意識が向いてしまっておりました（注：立川談志の本名・松岡克由）。

今にして思えば、あそこら辺が人生の岐路でしたなぁ……。

立川流入門後、『ビッグコミック』の人気連載『総務部総務課山口六平太』の高井研一郎先生が立川流のBコース。その縁で、何の面識もない私の真打パーティーに来てくれました。その後、何度かご一緒させてもらいましたが、本当にただの酔っぱら……いえ気さくな先生でした。

ちなみに高井先生の立川流での名前が立川雄之助。この由来、残念ながら、ウィキペディアには載ってません。でも、その面長のお顔立ちから師匠が名付けたと聞けば、往年の邦画ファンの方なら分かりますよね。

さてさて、今回の原稿の依頼に際し、「俺、最近、小学館の本、何か買ってたかなぁ〜」と思い、あらためてわが家の本棚探してみましたら、私の性的嗜好丸分かり、門外不出のビデオやＤＶＤに紛れて、ようやく見つかったのが呉智英先生の『ホントの話』。小学館文庫で、二〇〇三年発行でした。

拙稿が本当に書籍になれば、二十年ぶりに小学館の本がうちの本棚に並ぶし、まかり間違ったら、青山剛昌先生に会えるかも、などと期待に胸を高まらせております。

あ、そう言えば表題の件。

十年後の五十周年には、直弟子ほとんど死んでるだろう。これ確定。「真実はいつもひとつ！」。

立川「流」とした真意

立川談慶《たてかわ・だんけい》

師匠談志がこの世を去ってはや十二年となりました。

二〇〇〇年、前座最後の夏の暑い日のことをあらためて思い返しています。当時、未納の上納金の三倍を支払うことで、首の皮一枚つながった私に師匠はこう言いました。

「いいか、俺のところにいたメリットはな、俺がいなくなってからお前が確実に享受できるんだ。そんなこと俺にいちいち言わせるな」

九年以上続いていた長い前座の私にしびれを切らしたかのような言い方に戦慄を覚えたものでした。「こんなわかりやすい基準を設けてやっているのに、なぜ上がって来ないんだ」という私への怒りとじれったさとふがいなさがそこには存分に込められていました。

あれから二十数年。

その年の十月に二ツ目に昇進し、結婚し、家庭をもち、その四年半後真打となり、そして幾多の出来事を経てのこのコロナ禍。過酷な環境は落語家誰もが同じでしょうが、私ごとでまことに恐縮ですが、私立大学に通うふたりの男の子を育てながら、さいたま市の住宅ローンを払いながらなんとか落語とそして物書きのほうで糊口をしのいでいます。

ほんとあの日、あの時の言葉通りの落語家人生を歩む形となっています。

あの夏の日の談志のひと言は、いま振り返るとまさに「予言」そのものでした。師匠はもうこの世にはいないというのに「こんな場面、談志師匠ならなんと言い切っていたんですかね」などというような原稿執筆依頼がいまだに飛び込んでくるのですから。

そしてこの物書き稼業ですが、談志にまつわることを記した場合、当人が現役だとしたら何を書いても「違う！」と言い張るはずで、そこから怒りの矛先を確実に向けられていたはずでありましょう。実際それでキツイ目に遭っている先輩をお見受けしたものでした。そんな先輩各位が道を切り開いてくださったからこそいま私が書けているのです（本当にありがとうございます）。

また逆に、談志の死の直後ならば、その喪失感の大きさから冷静さを欠いた論調になり、そこにさらに虚無感と哀しみが加えられ、情念優先の流れとなり、後に至れば汗顔の至りになってゆくはずです。

今こうして新たに今回のこの『シン・談志が死んだ』執筆も含めて、自由闊達《かったつ》に書けるようになるまでには、やはり談志がこの世を去ってからの十二年もの年月が必要だったのかもしれません。

ここであらためて冷静になって「立川流」について考えてみたいなと思います。


なぜ「立川流」になったのでしょうか？

以下、自分の想像のおもむくまま言葉と思考を連ねてゆきたいと存じます。

逆にもし、「立川組」や「立川会」などと称していたら、どうでしょう？

いやあなんだか、反社っぽくなっていたのかもしれません（笑）。いやあ、談志への忠誠心は確かに「反社」的な空気感も多少はあったかもしれませんが、すべてネタであります。

では、あるいは「流派」という流れから「立川派」となっていたら？

うーん、これもありかもしれませんが、まさに「流派」のごとく、「流」に比べて二番手感は否めなくなります。「立川派」だと、政治家の派閥っぽくなり、「流」に比べると少数的な意味での「派」でしょうから、今よりもっと小さい団体になっていたようにも想像します。

やはり、立川流は、立川組でもなく、立川会でもなく、立川派でもなく、立川流なのです。

一門の兄弟子弟弟子各位と話していると、皆さんと激しく共感するのが「立川流は組織じゃないよなあ」ということです。

落語という技芸が個人ですべてをまかなわざるを得ない以上、落語家も例えば会社組織のように組織化された中の一員である必要はまったくありません。

むろん前座はその手前の修業の身の上ですから、個性が確立された存在ではなく、所属する師匠の門下で庇護を受けなければならない立場ですから、サポートは確かに必要かもしれませんが、かといってそれは組織的なものではなく、伝統的因習的な個人的な関わり合いでなんとかしのげるはずです。まして談志は「二ツ目になりたいのなら俺の基準を満たせばいいだけだ」とも言い切っていましたので、前座という身分は永続的ではありません。「嫌なら早く二ツ目になれ」とはずっと言われ続けてきました。

いささか極論めいたことを申し上げます。

つまり、落語家は組織に頼る必要もなければ、同時に組織を構築する必要もなく、技芸を含めて個性の確立こそがそのすべてではないでしょうか？

語弊があるのは百も承知ですが、そんな生き方をまっとうしたのが談志でありました。

立川流が組織ではなく、それぞれの弟子たちが自由闊達に活躍できているのは、立川「流」だからなのかもしれません。

今ふと思いました。

「組」や「会」というネーミングだと、わが一門はエクセル状のブロック的な組織になっていたのかもしれません。もしかしたら、今より落ち着いていて、結びつきも拘束力も強固で、若干安定はしていたかもしれません。そして安定からもたらされる安心感も得られたはずでしょう。

でも、です。

「名は体を表す」のごとく、やはり「立川流」は「流」なのです。

「流体力学」のごとく、火力、水力、原子力、風力などのように流体はエネルギーを発生させます。そして「流」はかような無限のパワーを発生させると同時に、型にはハマりません。そんな「流」れは、晩年「落語イリュージョン」を唱えた談志の芸風と軌を一にします。

そして「流」は、堅苦しさをも拒否します。談志がサイン色紙に頻繁に書いていた「勝手に生きろ」という言葉と通底します。

会社組織こそ盤石と確信しつづけてきた日本企業にも陰りが目立ち、都心にオフィスを構えないような、つまり型にこだわらないような企業も増えてきています。そしてそこで働く人々も終身雇用制とは真逆の雇用が主「流」になりつつあり、転職しながらスキルアップしてゆく社会になってきています。

そして、今をときめく大谷翔平選手も「二刀『流』」であります。日本球界にしてみれば惜しい「流」出でしたが、過去の常識から逸脱したからこその逸材であります。時代は、「流」なのでしょう。

そんな具合に世間が変遷してゆくのを想定して「立川流」となったのかもなあと、無責任に考えています。

「流」れは「動き」をもたらします。談志に言われた「囃《はや》されたら踊れ」にもつながります。動き続けるからこそ、「『流』水濁りを知らず」ともなり、ますます清らかにもなってゆくのでしょう。風の吹くまま流れるまま、川の「流」れのように、汗水「流」して、師匠の遺志をいくばくか継いでゆければと存じます。時「流」に乗れればと期待しながらも、逆にたまにドジを踏むかもしれませんが、そんな時はどうか水に「流」していただければと存じます。

皆様方、一気に我「流」で書き上げたのが今回の私の原稿です。かように、「流」れてゆくことが運命づけられたような立川流ではございますが、どうぞくれぐれもよろしくお願いいたします。

本郷界隈を歩く

立川談笑《たてかわ・だんしょう》

家元談志の墓参りをした帰り道。本郷通りを南に向かっててくてく歩く。まず左側に東京大学本郷キャンパスの正門、次に赤門が現れる。ご存じ赤門は加賀百万石前田家の門で重要文化財である。大変に立派で有名な赤門だが、正門の方も負けてはいない。和風を強調した西洋建築の正門は、築地本願寺を手掛けた伊東忠太の設計で国の登録有形文化財なのだ。和と洋のエレガンスが調和した美しい佇《たたずま》いは、東大に通っていた当時から私は大好きだった。いや、通っていなかった。

さらに南下して、春日通りとクロスする本郷三丁目交差点には『かねやす』がある。正確にはかねやすビルだ。古くからのランドマークであった小間物屋が洋品店になり、近年ついに閉店。今はシャッターに大きく「かねやす」の文字だけが残っている。

ここは「本郷もかねやすまでは江戸のうち」と言い習わされたように、江戸市街の内外を区切るデッドラインだった。もっとも公式な線引きではなく、街の風景が変わるさまを川柳でネタにされたというのが真相らしい。江戸城を中心にして防火のための瓦屋根や土蔵がずっと続いてきた景色が、かねやすを過ぎると一転して茅葺《かやぶき》や板屋根になって可笑しいよね、というわけだ。そしてこの防災対策を推進したのが町奉行大岡越前守だというのだが、本当かなあ。私の中では大岡越前伝説としておこう。


このまま水道橋に向かって南下したいところを少し寄り道。左に曲がって湯島方面に行くと好きなスイーツがあるのでね。

春日通り沿いにすぐ見えてくるのが『壺屋総本店』。びっくりするほど小さな木造家屋だが、堂々たる総本店なのだ。

江戸から続く老舗和菓子店が都内に少ないことは意外と知られていないが、こちらはそのひとつ。今の都内の名だたる和菓子店は、明治天皇に従って京都からやってきたものが多い。いっぽう、もともと江戸にあった菓子店たちは将軍家に義理立てをして次々と廃業したのだという。

この壺屋も廃業を考えたが思いとどまった。店内には、江戸っ子の代表格勝海舟の書が掲げられている。「この店はどうか廃業せずに美味しいお菓子を作り続けてね」という意味だそうだ。壺の形のもなかがかわいらしいお店。

そこからちょっと裏道に入ると『オザワ洋菓子店』がある。看板商品はイチゴシャンデ。クッキー台にイチゴと生クリームを乗せてチョコでコーティングした生菓子だ。談志が愛した……かどうかは知らないが、購入する際に何度か「これは立川談志の家に手土産で持っていきますよ」と目を見て念を押しているので、少なくともお店としては家元御用達の事実を知らないはずはない。そういう間柄。

ここからぐいっと進路を西へ。壱岐坂上から壱岐坂通り。

いよいよこの日の目的地、興安寺が見えてきた。前座のころに師匠談志の鞄持ちとして墓参に来た時とは打って変わって、寺はすっかり近代的なビルになっている。寺ビルとは、ちと敷居が高い気がするが思い切って訪問してみた。

大きなガラスドアを開くと広くて天井が高いエントランスホールが迎えてくれる。そこのフロントで、ってお寺のフロントなのか、ともかくフロント係のお嬢さんに墓参のための来訪だと告げると、パチパチとパソコンのキーボードを叩くことしばし。

「ああ、分かりました。ではこちらにどうぞ。ご案内しますね」

おお。普通のお寺さんと同じように、ふらりと訪れた風来坊みたいな者でも墓参ができるのか。思ったよりハードルが低くてほっとする。

案内されながら最新型の寺システムに身構えた。きっと、しかるべきお参りブースがあって納骨番号なんかをピッピッと入力すると、立体コンベア式できゅるきゅるきゅる、ウイーンがしゃん！　と扉が開いて位牌とご対面とかなのだろう、と思いきや。

案内されたのはエレベーター。地下一階でドアが左右に開くと、そこはまさに墓地だった。かつて地上にあった墓石群をそっくり地下に移設してあるのだ。広々とした地下空間に、墓地。これにはたまげた。まるで秘密基地だ。基地っぽい墓地。屋内の墓地はエアコンが効いて快適なのも初めて知った。これは良い。

壁の区割り図を指で確かめてからお嬢さんが案内してくれる。あった。師匠と一緒に手を合わせた、あの墓石だ。

ここに眠るのは先代の立川談志。つまり、二代にわたる立川談志はわずか一キロの距離を隔ててこの地に眠っているのだ。

墓参を済ませてビルの外に出た。陽光がまぶしい。

寺の近くにある険しい坂道の名前は忠弥坂。『慶安太平記』で有名な槍の名手丸橋忠弥の道場があったことで知られた場所だ。元道場の一帯は、名門の誉れ高い桜蔭学園になっている。かつて幕府転覆を企てた武闘派の拠点に、今は賢い女子たちが華やかに集っているというのもまた面白い。

古い時代と現代が交差する本郷の地は、柔軟に進化を続ける古典芸能「落語」にどこか通じる気がする。そしてこの街はそこかしこに江戸の香りが残っている。談志たちが安らかに眠るには相応《ふさわ》しい土地だ。

偶然か、運命か

立川談修《たてかわ・だんしゅう》

私の手元に、一冊の古びたスクラップブックがあります。すっかり日焼けした背表紙にはヘタな字で「落語」と書いてあり、その最初のページには、やはり茶色に変色した四十年前の新聞記事が貼られています。当時十歳、小学校五年生だった私が、自分で書いた文字と自分で貼り付けた記事です。

その記事の見出しには「談志、落語協会を脱退」と書かれていて、テニス選手のようなバンダナを頭に巻き、釣り用のベストを着て髭を生やした師匠・立川談志が写っています（テニスとも釣りとも、師匠はほとんど無縁だったとは思うのですが……）。

その記事を貼り付けた時点では、自分がのちに落語家になるとも、ましてやその写真の人物に弟子入りして立川流の一員となるとも、まったく予測していませんでした。

そもそも私はその記事の見出しに添えられた〈弟子2人　真打ち不合格に憤慨〉という文言の、「憤慨」の意味も読み方も知らないような子供だったのです。

とにかく、私が落語に興味を持ち、面白いと感じ、落語関連の記事をスクラップブックで保存しておこうと思うほどにのめり込み始めた時期と、のちに自分の師匠となる立川談志が落語協会を脱退した時期とは、不思議なほどにピタリと重なるのです。これは、たんなる偶然の一致でしょうか？　それともこのころから、立川談志の弟子になることが私の運命だったのでしょうか？　どちらにしても、私が落語に興味を持ったちょうどその年に立川流が旗揚げされたことには、強い縁を感じざるを得ないのです。

私はもともと、物心ついたころから「笑うこと」「笑わせること」が大好きでした。ザ・ドリフターズやチャップリンで笑い転げ、ギャグ漫画を愛読し、周りの友達や大人を笑わせることが何よりたまらない快感でした。

十歳の誕生日を迎えたころ、父親がステレオセットを買い与え、落語のカセットテープを貸してくれました。そして私はその晩、寝床で聴いた十代目柳家小三治師匠の『ろくろ首』のあまりの面白さに衝撃を受けたのです。大げさでなく、稲妻に身体を貫かれたような感覚でした。

そうして落語の面白さにすっかり魅了された私は、ラジオ・テレビの落語番組を片っ端からテープに録《と》るようになりました。まだお金も行動力もありませんからなかなか生の落語を観に行くわけにはいきませんが、なにしろ時間はありますし脳も柔らかい子供時代のこと、毎日テープを繰り返し聴いているうちに落語家の名前や落語のタイトルや内容を次々と覚えていき、いっぱしの落語通を気取るようになりました。

小学校五年生最後のお楽しみ会では教室の机の上で『ぞろぞろ』を演じました。小学生『ぞろぞろ』はラジオで立川談志が演じたのを何度も聴いて覚えたもので、小学生相手相手には分かりやすいネタがいいだろう、と自分で選んだ演目でした（もちろん自分も小学生だったにもかかわらず、です）。私の落語を聴いて、クラスメイトも先生も爆笑していました。のちの人生で、あの瞬間以上に客を大笑いさせたことはないかもしれません。

小学校の卒業文集の「二十年後の自分」という項目にも、「落語家」と書きました。聴くのも楽しい、演じるのも楽しい。私の落語好きは年齢を重ねても変わることはなく、高校・大学では迷わず落語研究会に入部し、二十歳になったころ（立川流創設十周年の年です）、「落語家になりたい」という欲がいよいよ本格的なものになってきました。自分がその道で勤まるかどうかは不安でしたが、挑戦して駄目だったとしてもまだそこからやり直しは利くだろうと自分に言い聞かせました。それに、将来を思い描いたとき、落語家にならなかったことを後悔している自分の姿を想像するのがたまらなく嫌だったのです。

さて、問題は誰に弟子入り志願をするかです。数多くいる落語家のなかで、私は立川談志が一番好きでした。最も上手くて、最も面白い落語家は誰か？　そんな問いにまっさきに思い浮かぶのが立川談志でした（その考えは今も変わりません）。落語や世の中に対するロジカルでシニカルな考え方も、スキャンダラスな言動も、たまらなく魅力的でした。その一方で、弟子には厳しい師匠だということももちろん分かっていました。まず、弟子に取ってもらえるのかどうかも分かりません。しかし生涯に一度の選択なのだから、打算や妥協で選びたくはない。そんな若さゆえの尖った思いが、自分のなかで醸成されていきました。

大学卒業と同時に、人生最大の勇気を振り絞って談志に弟子入りを志願し、そしてそれはあっけないほどあっさりと認められました。上野池之端の『伊豆榮』という鰻屋で面接が行なわれ、師匠が背にした広い窓からは陽光が差し込んで、逆光になった師匠の姿はまるで『ゴッドファーザー』の幕開きのマーロン・ブランドのようでした。

「居たきゃ居ろ」というのが、最初に師匠から掛けられた言葉です。

前座修業が始まり、世間知らずの私は師匠の身の回りのことをなかなかうまくこなすことができず、ずいぶんと怒られもしました。プレッシャーと貧乏とで、五キロ痩せました。もっと早く昇進するつもりでしたが、紆余曲折もあり、ようやく三十歳で二ツ目に昇進することができました。立川流創設二十周年の年です。

師匠は私の昇進落語会で一席終えたあと私を高座に招き、「こいつとは価値観が同じだ。贔屓《ひいき》にしても損はないと思うよ」と紹介した上、なんと座布団を外して客席に頭を下げてくれました。これには誰よりも私がいちばん驚きました。談志ファンならご存じでしょうが、師匠は高座で座布団から降りて礼をするということはまずしない人なのです。この出来事は私の密かな自慢です。

私は、真打になるのにもだいぶ長くかかりました。立川流における真打昇進は、待っていても巡って来ません。自分から「なりたいです」と言いだした者に初めて師匠から適不適の判定をしてもらうチャンスが与えられるのです。私がもたもたしているうちに師匠は病魔に冒されてしまい、そのチャンスはますます遠のいてしまいました。お見舞いに行った日、師匠は穏やかなトーンで「いつなっても構わない。口上に並んでやる」と言ってくれました。私から言いだす前に、師匠からの直々の真打昇進のお墨付きをいただいたのです。なんとありがたいことでしょう。

　ところが私が真打になる前に師匠は他界してしまい、落語界の伝統からすれば私は誰か他の人の弟子になるべきなのですが、兄弟子から「せっかく師匠から許しをもらっていたんだし、談志門下のまま真打になれよ」と言っていただき、私は「談志が最後に認めた真打」として、師匠のいない状態で昇進パーティーを開くことになりました。私が四十歳の時、立川流創設三十周年にあたる年のことでした。

　私がいったい何を言いたいがためにここまで長々と書いてきたか、もうお気づきでしょう。私が落語を聴き始めた年、落語家になる決意を固めた年、そして二ツ目昇進、真打昇進。すべて十年ごと、立川流の節目の年と重なるのです。偶然か運命か、私にはわかりません。


　そして今年は立川流四十周年、私は五十歳になりました。

　師匠がいなくなってしまってずいぶんと長い歳月が過ぎ、いつの間にか私は、スクラップブックに最初に貼ったあの新聞記事に写っている師匠の年齢さえも超えてしまいました。

　十年後、私が還暦になるとき、立川流は五十周年を迎えます。その時、立川流は、落語界は、どうなっているのか？　そもそも私はこの世にいるのか？

　未来を予測してもあまり意味のないことですが、せめて最後は師匠が愛したあの曲のタイトルのように、ザッツ・ア・プレンティ（これで満足！）といきたいものです。

始まりは「桑田さんと同じ人生を歩みたい」

立川志らら《たてかわ・しらら》

唐突ですがサザンオールスターズが大好きです。

中学二年の時に「桑田佳祐さんと同じ人生を歩みたい」と桑田さんの母校である鎌倉学園高校入学を目標にしたくらい好きです。目標を叶えるための受験勉強は四六時中ずっと桑田さんの歌声を聴きながら勝手に励まされながらだったのでまったく苦にならず必死でした。

目標の人が目標のために励ましてくれるもんですから成果は抜群で偏差値はみるみる上昇。上昇しすぎてさらに偏差値が上だった桐蔭学園高校にも合格したくらいです。目標を楽々クリアして喜んでましたが、ここで人生初の挫折というものを味わうことになりました。

いざ鎌倉学園高校へ入学したい意思を告げると、両親のみならず周囲の大人全員から桑田さんの人生をなぞる意味がわからないと説得されて、桐蔭学園高校入学の道を歩むことになったのです。

張り切り過ぎて憧れを違う方向に飛び越える形で始まった高校生活ですが、相変わらず桑田さんの歌声は聴きながら毎日モヤモヤは抱きながらも、持ち前の性格もあってそれなりに楽しみながらの日々のなかで「大学生活からは桑田佳祐さんと同じ人生を歩もう」という次の目標を見つけました。

桑田さんと同じ青山学院大学に入学し、サザンオールスターズを結成するキッカケとなった軽音楽サークルに入って音楽を始めれば取り戻せると考えたのです。

ところが高校受験同様に桑田さんの歌声には励まされながらも今度は偏差値が及ばず青学の門に拒まれてしまいました。仕方なくの浪人生活を経て再度の青学に挑みましたが憧れには手が届かないままで何とか専修大学に滑り込み入学。専修大学で音楽やるんじゃ意味がないんだといろいろこじらせてましたが、何かやることを見つけたくて覗いた新入生サークル紹介で、落語研究会のネタを見た瞬間に「これだ」と導かれるままに落研部室の扉を叩いてました。

正直それまでは落語を落語と意識して聴いてなかった分際でしたが、落研に入るや否や「落語やりたい」沼にズブズブとハマって行き、「落語でご飯食べていく人生を選ぼう」という新しい目標を掲げるまではアッという間でした。すでに本人的には二度の挫折を経てるので三度目の目標は絶対叶えたいと、落語家になるための情報集めという就職活動が始まりました。

前置きが非常に長くなりましたが、この時に憧れたのが「落語立川流」という団体です。「師匠」という個人を決める前に、落語立川流という団体に所属したいと思いました。立川談志師匠はもちろん談志一門の落語家のみならず、家元立川談志の立川流周辺の各界の皆々様あの人もこの人も憧れの的ばかりだったからです。

それでも落語家になるには自分の「師匠」を決めなければなりません。「あの師匠は厳しいらしい」「弟子が少ない師匠の方がいいみたいだ」「そもそも立川流だと寄席に出られないぞ」などなどあれこれ浮かんでは消えては浮かんでいろんな情報を頭の中で飛び交わしながらいろんな落語会に足を運ぶ日々でした。

そんな或る日に足を運んだ「高田文夫・林家たい平トークショー」で私の中の師匠は「立川志らく」に決まりました。トークショーの最後に高田先生の「何か質問あれば何でもたい平が答えるから。海老名家の秘密でも何でも」で笑う客席の中で、ひとり思い詰めた顔で手を挙げてる私を高田先生が指名してくださったので、手元にマイクが廻ってくるのも待てずに「落語家になる時の師匠選びで一番大切なのは何ですか？」と叫んでました。

高田先生は「刺されそうだな」と笑ってから「好きな気持ちが一番だな」と。

さて師匠立川志らくに入門が許されて立川志らららとなり、三度目の目標はとりあえず叶ったのですが、その半年後に高田文夫先生の預かり弟子も兼任することになったのは出来すぎです。ちなみに高田先生も御自身の誕生日と同じ六月二十五日にデビューしたサザンオールスターズが大好きです。初めて高田先生がカラオケボックスに連れて行ってくださった時に『マンピーのG★SPOT』を歌ったら「うまい‼」と鉛筆で書き足した高田文夫賞のポチ袋を頂いたのは今でも私の宝物ですが、その次の機会に『月』を歌ったら「お前にはまだ早い」と怒られました。

さておき現在に至るまで高田先生の「雑務一切」を担当させていただき、さらには談志家元の晩年の大親友である野末陳平先生の「雑務一切」にも関わらせていただいており、落語立川流ゆえの恩恵を格別に受け過ぎてるのは間違いありません。

これは何かに還元しないとバチが当たる。

なので今回の創立四十周年という節目を機に、落語立川流がより魅力的で後輩たちがよりご飯を食べていきやすい「組織」になるよう汗をかくことをここに誓います。

家元からいただいた宝物

立川晴の輔《たてかわ・はれのすけ》

落語立川流の創設二十周年を記念して、二〇〇三年に出版したのが『談志が死んだ』でした。私はその年に二ツ目に昇進したので、この本のことはハッキリと覚えています。その本が手元に来た時、「立川流はもう二十年の歴史があるのか」と強く思いました。そして、片隅でも自分の名前が載っていることが嬉しくて嬉しくて、喜びを爆発させせました。

あれから二十年……。嘘でしょ!?　立川流創設二十年と同じ年月が流れちゃったの……、早すぎる。私の部屋の本棚には、今も当時の『談志が死んだ』が二冊並んでいます。さほど色あせることもなく、ほぼ新品同様です。久しぶりに手に取ると、サブタイトルに「立川流はだれが継ぐ」と書いてあります。

二十年が経過した今、「立川流は誰が継いでいるのか？」……よく分かりません。「みんなで継いでいる！」ってことですかね。今年は家元が亡くなって十二年。干支がひと回りという大きな節目の年ですが、「この人が継ぐかも！　あの人がいいかも！」なんて会話はありません。私の耳に入ってこないだけかもしれませんが。

会話にならない理由はわかります。「家元はまだ色濃く存在しています！　姿は見えないですが、人々の会話の中でイキイキと動きまわっています」。それが証拠に、マクラで家元とのエピソードを話すと、孫弟子の私でさえも確実に笑いが生まれます。


私が師匠志の輔に入門し、大師匠にあたる家元談志と初めて会ったのは、有楽町朝日ホールの楽屋前でした。その日は「立川流 特選落語会」で、まだ見習いだった私は、楽屋の入り口に立って、関係者が訪ねて来たら、中にいる直弟子の兄さんたちに知らせるという役割でした。開演の三十分前くらいだったか、細くて長い廊下のはるか向こうにひとりの男性が現れました。関係者なのか、お客様なのか、はたまた落語家なのか…。こちらへ向かって歩いて来たその男性の姿にハッとします。おんぶ紐でクマのぬいぐるみをおんぶしているんです‼「怪しい〜、あのオジさんを絶対に止めなければ！」。近づいてくるとメガネをかけていて、おでこにはバンダナ⁉　…そうです。そのオジさんこそ家元談志だったのです。

心の中で「うわっ！　談志師匠だ！」、あっけに取られている間に、家元は私の目の前を通り過ぎて楽屋の中へ。すると楽屋からは「うわっ！　ご苦労様です！　ご苦労様です！　おはようございます！」、慌てて挨拶するたくさんの声が。私が知らせなかったもんだから、楽屋にいた全員が不意打ちを喰らい、瞬時に起立。すると家元はソファのところへ行き、おんぶ紐を外して、ぬいぐるみをソファの中央に座らせてひと言、「おい前座ァ！　面倒見とけぇ‼」。「かしこまりました〜」……。前座さんたちは、ぬいぐるみの座る位置を微妙にずらしたり、頭をなでたり……。私は「なんだ、この世界は？」と、頭が混乱しました。

それから約一年後、練馬にある家元のご自宅を孫弟子が掃除することになりました。私は二階の和室の担当に。雑巾片手に二階へ上がり障子を開けてビックリ！　部屋の真ん中に布団が敷いてあって、人が寝ているんです。「失礼しました！」、大慌てで障子を閉めて、私はパニックに。「誰、誰？　……家元？　おかみさん？　ご家族？　どういうこと？……」。しばらくして、ほんの少し障子を開けて覗き込むと、物音ひとつしないどころか、寝息すら聞こえない。でも誰かが寝ているのは確かで……死体？

腹をくくり、そぉっと部屋へ入り布団へ近づくと、「あっ‼」。寝ている人の正体は、朝日ホールで会ったクマのぬいぐるみだったんです！　なぜ人間に見えたかと言うと、ぬいぐるみがタオルケットを肩まで掛けて、さらにアイマスクをして寝ていたんです！

「なんだ、この世界は？……その二」の出来事でした。そのあと私は、ぬいぐるみを起こさないように、そぉっと和室の掃除をして、そっと退室…、毒舌で世間を斬りまくる家元が、ぬいぐるみを溺愛しているというギャップに、大きな衝撃を受けました。


家元絡みのエピソードをもうひとつ。師匠志の輔が司会を務めていた番組、ＮＨＫ『ためしてガッテン』のお正月特番で、著名人から疑問をもらい、番組が解決するという企画がありました。師匠は恩返しも含めてだと思いますが、大師匠談志に疑問を依頼。家元から来た疑問は「唐辛子はなぜ辛いんだ！」というものでした。私はそれを聞いた時「辛いから唐辛子であって、辛くなかったら唐辛子じゃないじゃん」なんて軽く思いました。

そして、家元談志の疑問を、弟子の番組で解決するべく、孫弟子の当時志の吉だった私が、唐辛子の本場メキシコへレポーターとして、取材に行くことに。

前座の身分で、テレビのお仕事をさせてもらえるのは異例なので、本当に嬉しかったです。でも半端ないプレッシャーが。そりゃそうです。大師匠と師匠、四つの目に審査されるようなもんですから。ましてやレポーター経験ゼロの私がいきなりメキシコって。

当時、世界で一番辛いと言われていた唐辛子はハラペーニョでした。ところがメキシコのある町に、それより辛い「ハバネロ」という伝説の唐辛子があるので、それを食べてレポートするという任務。

亭号の「立川」に掛けて、なぜだかJR立川駅前からレポートがスタート。「唐辛子はなぜ辛いのか？　それを探りに、私〝立川〟志の吉がメキシコへ行って来ま〜す」。

成田を飛び立ちメキシコへ。到着して現地を取材し、噂のハバネロとご対面。見た目はオレンジ色の小さなピーマンのようで、とっても可愛いらしいんです。ところがひと口かじると悪魔のような辛さが。いや辛いなんてもんじゃない、口の中にトゲが千本刺さったような痛さなんです。涙を浮かべながらレポートをし、そのあと辛さ日本代表の練りワサビを食べる流れに。これがビックリ、舌が麻痺してワサビが甘いんです！　チューブのワサビをそのまま飲めるくらいでした。もうわけのわからないま、レポートは終了。

本題の「唐辛子はなぜ辛いのか？」ですが、唐辛子は種が柔らかく、動物に食べられると種も噛み砕かれて子孫繁栄が不可能に。そこで動物に食べられないように、自ら辛くなったというのが有力な説。

スタジオの本番収録では、私のレポートVTRが流れ、身を守るために自ら辛くなったという話で、出演者の皆さんもガッテンガッテン！　放送も無事に終了しました。ところが数日後、NHKの科学・環境番組部に一本の電話が。「談志だ！」…そしてひと言、「俺はあれじゃぁ、ガッテンできねぇ!!」と、雷のごとくご立腹！「動物に食べられると種が噛み砕かれるから辛くなっただと！　動物より植物のほうが先に存在していたはずだ。それをどう説明するんだ！」

その電話の話を聞いたとき、「やばい、レポートの不甲斐なさが、家元の怒りに火を付けたのかも……。師匠志の輔の顔に泥を塗ってしまった」と、本当に凹みました。

そして、番組プロデューサーが慌てて頭を下げに行き、唐辛子がなぜ辛くなったのかの解明と、解明の限界も含めて説明をして一件落着。

家元が言いたかったことは、「テレビでやっていることを、見てるもんが何でもかんでも納得してると思ったら大間違いだ！」ということで、「おい孫弟子！　落語も含めて安住するな」とのメッセージにも感じました。

「唐辛子はなぜ辛いのか？」とのレポートでしたが、結果、家元談志が一番の辛口でした。

落語一席に匹敵するような、家元とのエピソード。当時は冷や汗をかいた出来事だったのに、今では自分の宝物です。そして私は最後の最後、家元から最高のエピソードを頂戴しました。

家元の命日十一月二十一日は、私の誕生日なんです!!　合掌、そして感謝でございます。

今こそ人生の転機

立川志らの《たてかわ・しらの》

弟子を取り、一年半が過ぎました。

これは初めてのことで、以前私のところへのべ八人の弟子入り希望者が来ましたがすぐに辞めたか、入門すらしなかったからです。まぁ半分くらいはほかを断られたので私のところに来たとか、ノリで弟子入りしたいです！　と言ってみただけっぽい人とか向こうにも続かない理由があったのでしょうが、こちらにもかなり問題があったのです。

真打の落語家は弟子を取ることが許されるわけですが、真打になった人が自動的に「弟子を取れる状態」になるわけではないことになかなか気がつかなかったのです。お母さんが赤ちゃんを産むんじゃなくて、赤ちゃんを産んだ人が一生懸命お母さんになるという仕組みに気がつかなかったのです。「真打」にはなりましたが「師匠」にはなってなかったのです。

現在は自分自身が発達障害グレーゾーンでＡＳＤ（自閉スペクトラム症）傾向の強い人間であることまではなんとなくわかってきましたが、初めて弟子志願者が来た六～七年前にはそのことに気づいておらず、「知らない人が急に生活圏内に入り込む」というとんでもない急な展開に対する対応ができずにつねにイライラしてしまっていました。

誰が言ったか覚えてませんが「弟子なんて寄席の楽屋に放り込んどけば勝手に育つよ」という言葉が印象的で、私はできもしないくせに弟子は超短期間であるていど形にしてから楽屋入りさせないといけないという思考に陥っていたので、とてもはっとしたことを覚えています。

現場の雰囲気に慣れ、なんとなく仕事をこなせるような状態になってもらうまでがなかなかな難易度なので、若手の後輩たちが代わる代わる新人の面倒をみる……つまりは寄席的な育成の場をもう少し明確にすればいいんだと、太鼓の稽古の定例化など、現在行なわれている落語立川流一門会のシステムを皆が利用しやすくしました。当時私は立川流の運営をひとりでやっていた時期だったので、そのあたりはすぐに実現できました。

「寄席を出て俺が育てる」と言った家元が「お前ら築地に行け！」と意見を変えるほど、ワンオペは地獄。

そんなこんなで、体制をなんとなく整えつつあったある日のこと、九人目の弟子志願者が来るのです。しかし時期的にはコロナ禍。ここ数年うまく自分自身をコントロールできなかった方は多いのかと思いますが、発達障害ＡＳＤグレーゾーン傾向が強い人間としましては、それはそれは気が変になりそうな日々でした。「落語家辞めよう！」という極端な考え方までもつようになっておりました。こんな状態の時に弟子志願者が来るなんて！　と思ったのと同時に「弟子を取ったら辞められないのか」という考えが頭を駆け巡りました。

見習いとしてそばに置いて見ることにしましたが、イライラの日々。しかしこうなることは分かっているからこその一門会システムだったんじゃなかったのかと思い直す。しかしイライラ……思い直す。イライラ……思い直す、の繰り返し。

しかしながらこのイライラは何なんだ。

……なるほど。

今まで「見たくない」と向き合うのをやめていた「自分を見る」という行為をしなければならないことに対する苛立ちなんだと。

相手に対しての苛立ちって「薄々気がついている自分の欠点」ってことが結構ありますよね。なので、何か叱言《こごと》を言ってる最中に「っていうか、これ自分のことだよな……」と落ち込む日常。しかし言わないわけにはいかない。「自分のことは棚に上げて平気で叱言が言える」と伯山がテレビで言っていたのを聞いて「羨《うらや》ましい……」と。が、私はそういう感じにはなれないので、自分自身と向き合うということを始めてみました。発達障害を公表されている花緑師匠のところに行ってみたり、精神科を受診してみたり等々。

弟子を取ってから約二年。ようやく今の環境や自分自身の脳味噌に慣れてきたのですが、弟子を二ツ目に昇進させるという無理ゲーが迫ってきているのです。

「弟子を昇進させる」ということに慣れてないので、短期間のトライアル的なことをやったりすると、絶対こちらが崩壊し「何でそんなこともできないんだ！」みたいなモードに突入しそう。なので、めちゃくちゃ余白を取ったスケジュールを計画。今年の十月から来年末まで昇進準備会を行ない、再来年二ツ目昇進に向けた会を行なう予定。これは弟子のためではなく私が慣れていくため。「昇進の会とかは真打の時だろ！」とかじゃないんです。弟子を昇進させるということに慣れるための会なのです。ココ大事。

それにしても、ここまで書いて「この師匠大丈夫か？」と我ながら不安になりましたが、私の師匠志らくも似たようなものかと勝手に胸をなでおろしております。

師匠選びも芸のうちとはよく言ったもので、志らく以外の人のところに入門していたら、ここまで続けられてはいなかっただろうと容易に想像がつきます。志らくのほかで、私の知っている範囲のなか、大丈夫そうな人は……花緑師匠くらいか……。いやいや花緑師匠の場合は所属されている組織の一員としてやっていけない気がする。入門当時私はまったく気がついていませんでしたが、志らく一門はいい感じに孤立していたようで、その環境が私にとってはラッキーだったと言えます。現在も孤立しているだろ！　という声が聞こえてきそうですが、立川流全体の約三分の一が志らく一門に属しているので、人数的には多数派が孤立しているという難解な状況です。

いまだに自分自身がよくわからず、うまくコントロールできませんが、そんな時は「子育て奮闘本」みたいなものを読むことにしています。そこには今の私の苦悩など軽く吹っ飛ぶ内容しか書かれていないからです。「そうだよなぁ私は弟子を取った時、陣痛とかなかったよなぁ」とか。

人生の転機って何度か訪れると思いますが、今がその時だなぁとめちゃくちゃ感じてます。

談志襲名へのマニフェスト

立川《たてかわ》こしら

僕《こしら》が談志になったら……。

誰ですか？　蔑《さげす》み笑いをしているのは……。僕も（いちおう）立川流の一員だと思ってるので、可能性はゼロではないはずです。

そもそも、談志という名前だけで絶大な価値があるのです。空けておくのはもったいない。空席になっていることこそ損失です。

これまでの慣習や家元談志に服《まつろ》う方々の気持ちは大事にするべきですが、平時ではありません。いま、立川流は未曾有の危機を迎えていると感じています。一門としての機能不全です。「組織が無い」という現状は、一門として何も決めることができないのに等しいのです。

組織が無くても自力でやっていけるポテンシャルを持っているのは、ごく一部で、格差はどんどん広がっていきます。二ツ目に昇進しても、すべてひとりでやっていかなければなりません。仕事の作り方が分からない。ＩＴにも疎い。そんな門人が孤立しないように、周りでサポートできれば、もっと輝ける舞台があるはずなのです。「そこを自分で何とかするのが立川流なんだ」と言われればそこまでですが、その虚勢のような厳しさは、今の時代に必要でしょうか？

今の落語立川流は、入門希望者が現れなければ、あっという間に消滅してしまうのです。

僕も弟子をひとり（かしめ）抱えていますが、僕がひとりで育てるのは限界がありますす。それを僕の能力が足りてないという簡単な結論で片付けてはいけません。僕程《こしら》度の能力でも弟子を持てるというサポート体制が整っていれば、もっと弟子を取れるのです。

ここで言っているのは、一門を大きくするのが目的ではないということ。安定して入門希望者が現れなければ、立川流が存続しなくなるという、もっと切実な問題なのです。

日暮里や広小路等の落語立川流の寄席の楽屋で、諸先輩方が多角的な指導をしてくださったから、弟子《かしめ》は現在二ツ目としてやっていけているのです。そして近々、真打を目指そうと意気込んでいます。

その寄席も、縮小傾向にあります。落語立川流一門としての大きな方針が必要なのです。現在、個々の真打の師匠と、その弟子との一門単位の決定がすべてとなりつつあります。そこには、落語立川流の皆で育てるという空気はありません。必然、師匠ひとりにかかる負担は大きくなります。師匠もプレイヤーです。自分の向上と弟子の教育の両立は、ひと握りの天才ができることですが、教えることに長けている先輩は数多くいます。このリソースを上手く活用するには、組織作りが不可欠なのです。


僕《こしら》が談志になったら、「落語立川流年金制度」を導入します。これはすでに実験的に始めています。立川流といえば上納金というぐらい、下が上に払うイメージがありますが、これを逆にします。上が下に払うのです。これは「いったん払う」という意味なので、上納金とはまったく意味が違います。投資です。

僕は、現在、毎月五万円を弟子に投資しています。五年後、十パーセントの利息を付けて毎月返してもらいます。金額や年数は、試行回数を増やしながら、最適解を導き出す必要があるでしょうが、とりあえずスタートさせました。

投資している師匠《こしら》のメリットは、五年後からの五年間、毎月五万五千円が保証されているので、無理に仕事をしなくて良いという点です。ちょっと増えて返って来るのも、嬉しいポイントですね。

弟子《かしめ》側のメリットは、お金で諦めることが少なくなります。長距離バスで移動していたところを、新幹線に変えることができる。時間と体力を、別の活動に当てられます。「金がない」という理由で、チャンスを逃すことが少なくなります。思い切ったチャレンジが可能になりましょう。

ここで利息の十パーセントに目を向けてみましょう。

「二ツ目から真打にかけて、落語家は一番伸びる」と、言われます。この五年間は、年収も大きく伸びます。自分自身で振り返ってみると、二ツ目から真打で、収入は大きく伸びました。

月収十万の五万円と、月収百万の五万円では、同じ金額でも価値は変わってきます。そこへ持ってきて、伸び盛りの若手なのです。苦しかったときの五万円は、それ以上の価値があります。そして収入が上がったときの五万円は、さほどの負担にはならないのです。

これから伸びる企業に投資して資産運用をする。信用できない政府（ちょっと、ヨイショ入れました）が主導するｉＤｅＣｏやＮＩＳＡよりも、よっぽど確実で面白いじゃないですか？

自分のお金を預けてる投資先が潰れてしまうと、回収ができなくなります。指導や教育に熱が入るのは当然で、本気で「売れてくれ」と望むようになります。

もうひとつ利点があります。晩年、お金に困らないという大きなメリットです。ここでは、誰の目にも成功している落語家は、ターゲットにしていません。立川流のみならず、エンターテイナー全般の晩年を考えていく必要があると思っています。美学もあるでしょうが、寂しくひっそり幕を引くことばかりではいけないのです。プレイヤー以外の道を、明確に用意するべきなのです。指導の上手いベテランが、若手の指導だけで楽に暮らしていける。調整や営業が上手いのなら、それをやるだけで暮らしに困らない。現役選手が引退した後、コーチになったりフロントに入るスポーツの世界と同じです。

金額や期間などはさておいて、晩年、老後の安心を作るために、立川流独自の年金制度を作ることはさまざまな効果を生みます。そのためには、組織であることが必要不可欠なのです。組織で資産を運用できれば、無駄を省き、必要なところにお金を回せます。

現状、稽古をつけてくださる師匠方は、無報酬です。まずは、ここにしっかりと対価が発生する仕組みを作りましょう。どれだけの若手が、この稽古によって商売の種をもらっているのか。その稽古をつけたという功績は、対価という形で称えるべきだと思います。これは、緩やかな引退制度に繋がります。「プレイヤーでないと収入が確保できない」という、今の仕組みが続く限り引退はできません。（本人が望んでいるなら別として）無理をして高座に上がる必要があるのでしょうか？　階段の多い会場で怪我をするおそれもあります。高座に拘《こだわ》らなくても生活できる。その余裕があれば、いったん退いて、相談役のような立場から若手にアドバイスできるでしょう。

プレイヤーだけでない生き方の選択肢を増やすことでこそ、集まった才能を最大に活かせるのではないでしょうか？　そのためには組織が必要です。そして、この組織の運営は、若手に任せてしまいましょう。

若者が上手くやってくれます。チャットGPTもインボイス制度も、よく分からない僕たちは、時代の急速な変化にとてもついていけません。しかし、それを勉強する必要はないのです。これが「任せる」というメリットです。ある落語家は自分の芸に、またある落語家は後進の育成に集中すれば良いのですから……。

運営した組織が上手く機能して、若手が売れれば売れるほど、ベテランは潤う。それが投資の利点です。

何もしなければ、落語立川流の何某《なにがし》一門という師匠と弟子という最小単位のグループが乱立しているだけになりそうです。

個の力を鍛え上げて来た僕たちは、今こそ、その力を結集するときではないでしょうか？

談志師匠が遺した「勝手に生きろ」という言葉には、「組織でなくてもイイ」という現状も含まれているのかも知れません。しかし、落語界だけでなく、広くエンターテインメント業界では、ひと握りの才能を持った者の最盛期の興行の取り合いをして使い捨てにしているのです。落語立川流の魅力を発信する。落語立川流に触れる場を増やす。早急に、組織運営を始めるべきです。僕よりも下の世代が！

四十周年は通過点

立川志ゑん《たてかわ・しえん》

一九九九年四月二十一日、当時三軒茶屋にあった立川企画の事務所に、弟子入りに反対する親を半ば強引に騙して連れ出しての三者面談。

師匠志らくより「この世界は大変に厳しい、最初は収入もないし売れるかどうかもわからない。仮に自分がいま談志に弟子入りしても今のようになれるとは限らない」云々、私と親にきちんと説明しありがたい訓示を頂いている最中、突然電話が鳴りピィーというファックスの音とともに出てきたのが「勝訴」の紙を持った快楽亭ブラック師と談之助師が満面の笑みを浮かべた写真。

前年に長野県飯田市で開かれた落語会にて居眠りをする客がおり会が中断、主催者側の要請により客は退席はしたものの腹の虫がおさまらず、損害賠償を求める訴訟を飯田簡易裁判所に起こした。俗に言う「談志居眠り裁判事件」。その判決日だった。

　事務所内が一瞬無言となり、真面目に語っているのが馬鹿らしくなったのか師匠「……。まぁ頑張れ」ということで弟子入りが許され、立川流の中で生かされ真打となり若輩ながら四十周年のこの機会に寄稿させていただくというのは感慨もひとしお。

判決後家元のコメントで「客と芸人の空間を理解してくれた裁判官に敬意を表したい」とあったように家元がお客との関係をとても大事にしていたのは衆目の知るところ、落語においてもその時代のお客が求める空気を敏感に察し「人間の業《ごう》の肯定」から「イリュージョン」そして「江戸の風」、お客とともに創り上げたモノが直弟子・孫弟子と繋がっての四十周年。ここから次の五十周年に向かってどんなことが起きるのか。

　しょせん、落語家は個人主義者の最たる者であり歩調を合わせようにもなかなか難しい。でも「アマチュアは和して勝つ、プロは勝って和す」とはプロ野球の名将三原脩監督（元西鉄）の言葉。芸人はそれぞれが自分の芸を掘り深めて出来た山の登頂者だと思う。万人受けする裾野の広い山もあればマニアックな剣ケ峰もある。立川流もさまざまな山がありますので五十周年に向かっていろいろと登頂するのを目指してみてはいかがでしょうか。

立川流と私

立川小談志《たてかわ・こだんし》

大学生の時に〝落語家に!!　おれはなるっ!!〟と思い立ちましたが、果たして私みたいな者が落語家になれるのかしら、なったとしてやっていけるのかしらと不安でいっぱいでした。ですが〝人の夢は!!　終わらねぇ!!〟ということで一心発起して、両親にこのことを話すと、

「行っといでバカ息子……」

と背中を押してくれました。そして一九九九年五月、私は師匠談志に入門しました。入門してからとくに前座時代はしくじりの連続でした。

ある時、旭川のホテルで師匠の独演会がありました。音響室が舞台袖と離れていたので出囃子《でばやし》のＣＤの操作をホテルの方にお願いしたのですが、私が開口一番で落語を

終えて高座を降りてくると仲入りの太鼓が流れてきました。本来ならば師匠の出囃子「木賊刈《とくさがり》」を流さないといけないところを、ホテルの方が間違えて次の曲を流してしまったのです。ホテルの方の間違いとはいえ、ちゃんと伝えきれてなかった私のしくじりですから、全身の血の気が引いて〝おれ死んだ〟と思いました。

師匠に、

「すみません、すぐに出囃子を直します」

と言って音響室へ向かおうとすると、そんな私を師匠は引き留め、

「いい〳〵、何でも鳴ってりゃいいんだ」

と言って仲入りの太鼓で高座に上がっていきました。師匠の優しさに〝やっぱ生きてた〟となりました。

また師匠の家には毎年多くのお中元・お歳暮が送られてきて、中でもダンボールで来る葱《ねぎ》・山芋は練馬の家の庭に埋めるのが前座の仕事でした。ある年のお歳暮で送られてきた山芋を兄弟子と埋めていたとき悲劇は起きました。私の埋めようとした山芋が半分に折れてしまったのです。それを見た兄弟子は、

「バカヤロー、師匠は食い物のことは人一倍うるせぇんだ。丁寧に扱え。いいか、こうやってやるんだ」

と手際よく山芋を埋めてこう言いました。

「ほらな折れねェ」

その兄弟子は後に辞めてしまいましたが、その節はクソお世話になりました!! この御恩は一生……!! 忘れません!!

現在立川流には六十名ほどの落語家がいますが、先輩の師匠方から二ツ目・前座さんまで落語にとどまらずさまざまな方面で活躍されています。まさにDの意志（談志の意志）は受け継がれているのだなぁと感じます。

最近私は人を笑わせ苦悩から解放してくれる笑い話である落語のことを「ラフテル（Laugh Tale）」と呼んでいます。

今後も立川流は新時代に突入した落語界という大海原を最高のラフテルを目指して航海を続けていくのだと思います。

シン・神・新・真・罪

立川左平次《たてかわ・さへいじ》

「シン・」ってなんだ？　原稿依頼を受けた時点で、仮タイトル『シン・談志が死んだ　立川流はどこへ行く』と企画書にある。読解力のない私でさえも、庵野秀明監督映画シン・シリーズのシン・だと分かった。

執筆テーマが落語のあり方、落語立川流について、家元、師匠、つまりはなんでもいいということ。これが私にとって一番困る。先ずはテーマが決められない、先送り癖により日にちだけが過ぎて行く。今日が締め切りの三日前。私は締め切りが守れない人間だ。当然やるべきことが山積み、確定申告だって終わってない。請求書や領収書、支払期限の過ぎた通信費に水道光熱費、袷《あわ》せの着物の洗い張り、早急に覚えなくてはいけない落語、手拭いの発注、毎日が八月三十一日だ。夏休み最終日の宿題状態。

マルチタスクの苦手な私は一日ひとつのことしかできない。得意技は現実逃避、優先順がぐちゃぐちゃ、家元いわく状況判断のできない奴を馬鹿と言う。そうなると自分が自分の中の馬鹿に振り回される。私は何を思ったか、連日アマゾンプライムビデオで庵野監督作品を視聴した。現実逃避以外の何ものでもない。『シン・仮面ライダー』『シン・ウルトラマン』『シン・ゴジラ』すべて未見の作品だ。『シン・エヴァンゲリオン劇場版』は公開当時に映画館で観た。予備知識なく鑑賞したラストシーンに驚かされた。主人公の碇《いかり》シンジが物語の世界から実写の世界に飛び出して行く。私はすぐに気がついた。あ！　川島雄三監督、『幕末太陽傳』のエンディングだ、フランキー堺演じる佐平次が走り去りながら映画のセットから現実の世界へ抜け出して行くラストシーン、パクリやがった！

映画館を出て携帯の電源を入れ親指でテンテンと音を鳴らし検索すると、川島監督の「積極的逃避哲学」に対するオマージュとのこと。積極的逃避ってなんだ？　体育会系虚弱体質みたいなものか？　違うな。とにかく庵野監督は意図的だった。佐平次と碇シンジがみごとにオーバーラップした。現実と虚構の狭間、アニメや漫画に小説、ドラマや映画、すべてのエンタメに必要な要素といえる虚実皮膜。

芸術とは現実と虚構の境目である。と、近松門左衛門は江戸時代に提唱している。

舞台芸術もそうだ。芝居の書割、現実世界ではただのパネルなのに虚構の世界では背景となる。

偶像崇拝のアイドルはトイレで用を足すこともなければ恋愛もしないはずという虚構。秋元康が「恋愛禁止」と言い出した途端に禁止しないと恋愛をするという現実も如実に表れ白日の下に晒《さら》された。発覚した際のペナルティは公開処刑という新たな形で新たなエンタメを生み出した。

家元が落語のストーリーに入りながら、途中で素に戻ったり、登場人物が勝手にしゃべり出すのも虚実皮膜と言えるかもしれない。

エンタメの世界でこそ現実と虚構の狭間が芸術という作品に昇華され、時には猟奇的な殺人でさえも物語として高い評価を受ける。

そんな非日常が日常となってある日突然やってきた。青天の霹靂《へきれき》ともいえる世界的パンデミック。コロナ禍による「新しい生活」。糸井重里が四十年前に考案した西武百貨店のキャッチコピーではない。職業落語家にとっては悪夢のような生活が待っていた。

二〇二〇年二月中旬。私は横浜にぎわい座での自身が主催の落語会に向けて動いていた。約四百のキャパは即完売。私の人気ではない、元祖チケットの取れない落語家、談春師匠がゲストであったためである。ぜん馬師匠のおかみさん、さこみちよさんにも俗曲で出演をお願いしていた。

月末の落語会まで一週間、稽古に集中しながらも夕方のニュースが気になった。新型コロナウイルス感染症、日を追うごとにニュースで扱う時間が長くなり、それに比例してチケット予約のキャンセルが相次いだ。

決定打となったのは横浜港に入港した国際クルーズ船、ダイヤモンド・プリンセス号の集団感染である。乗客二千七百人が船内待機のまま大黒ふ頭に停泊している。

空気感染か飛沫感染か接触感染なのかエビデンスもわからぬまま、SNS上では情報が錯乱、インフォデミック。横文字やカタカナの苦手な私は当初、エビデンスと妖怪アマビエを混同し、アビデンスやアマエビと言い間違えた。

ツイッターを見ていると中止や延期にする落語会が増えてきた。日本中が注目するダイヤモンド・プリンセス号から目と鼻の先にある横浜にぎわい座、決断は主催者である私だ。予期せぬ急変を最も苦手とする私だ。

家元いわく状況判断のできない奴を……。

万が一お客様のひとりでも感染し重症化してしまったら、例えばクラスターが発生したら、客席だけではない、楽屋でご一緒することで感染したらメディアで活躍する談春師匠に迷惑がかかる、間違いなくニュースとなりマスコミの餌食だ。そうなったら志らく師匠は『ひるおび』でなんとコメントするだろうか。

もし、さこみちよさんに感染させてしまったら、ご主人のぜん馬師匠やラジオのレギュラー番組共演者、大沢悠里さんに感染させてしまう恐れもある。遅すぎた決断は落語会の前日だか前々日だか前前前夜だか忘れた。前頭葉がウヨウヨしながら決めたのは確かだ。

「師、師、師匠。直前で申し訳ございません。せっかくスケジュールを空けていただいたのですが、中止にさせていただきます」

談春師匠に電話で報告。少し声が震えていたと思う。その時ばかりではない、談春師匠に電話する際は毎回緊張する。いつだか、数分の間に私がしどろもどろになり、イライラさせてしまい、結果、『大工調べ』の棟梁と与太郎のようなやりとりになることも過去にあった。この日ばかりは違った。非常に優しく穏やかな口調だ。

「あ、そう。誰が決めたの？　にぎわい座？」

「いえ、にぎわい座さんが、主催者である私に判断を任せる、とおっしゃいましたので」

「そっか、ちょうど今、お前の話してたんだよ、あいつ、会どうするんだろう？　って、中止なの？　延期なの？」

「あ、あ、あの、できれば延期で」

「あーそう、わかった、まあそうだろうな。それはかまわないけど、今回中止にして小屋代は大丈夫なのか？　キャンセル料とか？」

「はい、特別な状況なので大丈夫です」

「だったら延期だな。わかった。俺の方はいいから、お客様への連絡を優先しなさい」

　電話を切ると、最初にかけて繋がらなかった、さこみちよさんからの留守電。折り返して直接、その旨報告。私の暗いトーンとは対照的に明るいトーンで、

「あら残念ねー。プリンセス・ダイヤモンド号見たかったわー」

　落ち込んでいる私を励まそうというありがたいお気遣いと、談春師匠の優しさに救われた。プリンセスとダイヤモンドが逆さまと気がつく前に胸をなで下ろした。

　そこから数日はお客様への連絡と手続きに時間を費やすことで、過度な速報で不安を煽《あお》る報道から目を背けることができた。未知のウイルスによる未曾有の事態がここまで長引くとは思わなかった。

四月上旬、緊急事態宣言、安倍首相や小池都知事の会見はドラマや映画のワンシーンよりも虚構に見えた。私が住む浅草の街から人が消えたのは二度目の体験だ。二〇一一年三月の東日本大震災直後以来だ。あの時も二度と落語ができなくなるのではという思いが頭をよぎった。真っ昼間の浅草演芸ホールに東洋館。ともにシャッターが降りている。浅草寺へ続く仲見世にも人がいなくて白昼夢のようだ。

自宅で過ごす毎日、花川戸のワンルームマンション三〇三号室に住む私にとって、昼過ぎに起きて、ひとつしかない窓を開けるのが唯一の楽しみ。ある日のこと、窓を開けると、向かいの家のベランダにこちらを向き座るおじさん、マスクにワイシャツ姿でパソコンに話しかけている。六年近く住みながら、初めて見る向かいのご主人。リモート会議だ。それにしてもベランダでマスクとは、いま思うと異様だ。パソコンで腰から下が見えないので、浮かんでいるように見える、おまけに顔がはっきり見えないのでルネ・マグリットの絵画のようだ。会議が終わったのか、パソコンを閉じ立ち上がって驚いた。下はトランクス姿。春先はまだよかった。本格的な夏を迎えるころにはパンツ一丁。唯一の楽しみをパン一のおじさんに奪われた。

人生で初めて、半月以上、誰とも会話しない日々を経験した、コロナ禍において計三回。

厳密に言う唯一交わした会話は「いちばん大きい袋ください」。コンビニ店員さんとの会話だ。

そんな暮らしが一生続くと力説した人間は少なからずいた。私は日々、亡き師匠左談次の落語を聴きながら、ゴミ屋敷に近い部屋の片付けと断捨離を続けた。

あれから三年、現実と虚構の狭間から奇跡的に元の世界に戻りつつある。


話をシン・シリーズ作品に戻す。全作品に通して言えるのは、ノスタルジーに浸りながらも何故《なぜ》か新しい。郷愁的であり、革新的でもある。まさに伝統を現代に！　だ。庵野監督曰く「シン・」にはいろいろな意味があり、「神」「新」「真」。家元に置き換えてみると直弟子、孫弟子それぞれの解釈。「神」と崇め江戸の風を継承するもの、「新しさ」を求めるもの、本音を語り「真実」を追求するものとさまざまだ。さらに「ｓｉｎ（英語で罪）」という考察がある。「業《ごう》の肯定」だ。コンプライアンスとどう向き合うか。一番深掘りしたいところだが、紙面が尽きた。明日はシン・真打こはる改め小春志の披露宴。早く寝ないとまた遅刻する。そんな私は近い将来、シン・左談次になる。

落語立川流四十年における後期二十年の観察

立川志《たてかわ・し》ら玉《らたま》

私は西暦二〇〇〇年の入門であるので、本年二〇二三年には芸歴二十三年ということになる。落語立川流創設が一九八三年、私の入門三年目が立川流二十年という節目の年であった。そして今年が立川流四十年。いつの間にやら私も、立川流の歴史の半分に籍を置いていたということになる。そこで私がじかに身を置き体験した立川流後期二十年について、その変遷を考察したいと思う。

まずこの二十年における最も大きな出来事は、家元立川談志の死である。否、二十年のみならず四十年間においての最大の事件であることは間違いない。以後の形式上の変化だけとっても、家元制度の廃止、B・Cコースの廃止、上納金制度の廃止、理事制度の設置（これもその後廃止）等、団体としてがらりと変わった。談志家元という絶対的求心力を失った立川流がその後十二年、現在まで存在し続けていること自体が冷静に考えて不思議ですらある。家元が没した二〇一一年以降は「談志不在の時代」という立川流歴史の上での転換点となった。

さて、この後期二十年、構成員にも大きな変化があった。多数いる廃業者については、前期二十年同様、前座・見習いが大部分を占める状態は変わらないが（二ツ目廃業者は一名のみ）、団体からの退会者五名（ブラック、談幸、吉幸、幸之進、文字助。敬称略）、また前期二十年にはいなかった物故者を四名（談志家元を除く）数える不幸に見舞われた（文都、談大、左談次、らく朝。敬称略）。

立川流創設二十年時の構成員は三十八名。うち真打十四名、二ツ目十名、前座・見習い十四名（講談社『談志が死んだ　立川流はだれが継ぐ』名鑑データより）。

創設三十年時は、構成員五十五名。うち真打二十一名、二ツ目二十名、前座・見習い十四名（dZERO『増補　談志が死んだ　立川流はだれが継ぐ』名鑑データより）。

そして四十年の現在、構成員は六十二名。うち真打三十一名、二ツ目二十二名、前座・見習い九名（二〇二三年七月末現在）。

その構成員を分類する指標として、立川流二十年時には、落語協会での寄席修業を経験した弟子「寄席修業世代」と、立川流創設以降の入門者（巷間「志の輔師以降」と言われる）「立川流世代」との二分法がよく使われた（当時のその構成比は、「寄席修業世代」二十六パーセント、「立川流世代」七十四パーセントであった）。

そして三十年時には、世間的にはいまだ「寄席修業世代」と「立川流世代」という比較認識が残っていたが、実質的にはすでに、談志直弟子の「直門」と、談志の弟子の弟子「孫弟子」という大別が適当であるような状態であった（「直門」三十八パーセント、「孫弟子」六十二パーセント）。

その「孫弟子」が多数を占める四十年を迎えた現在にあっては、また新たな分類を当てはめねば今後の現状把握が難しい。現在は、談志家元死去を境とし、それ以前の入門者「談志以前」と、それ以降の入門者「談志以降」との二分が適用されるような時代となった（「談志以前」六十六パーセント、「談志以降」三十四パーセント）。もはや「寄席修業世代」の師匠方はわずか五名しかおらず、立川流創設時の四十年前には考えられなかったであろう女性落語家が現在四名おり、「女性落語家」同様「寄席修業世代」も数字の上では立川流内でのマイノリティーに分類される現状となっている。

今後も落語立川流が存続するとすれば、そう遠くない将来、「談志以降」世代が中核を担うようになるのは必然。そしてまたさらに新しい分類上の世代が誕生し、活躍するのであろう。「形式」がそうなれば、立川流の「内容」もまた変わってくるのは当然の摂理であり、それを「進化」と捉えるのが正しい認識なのだろう。これこそが結句、談志家元の至言「人生成り行き」であり、「勝手に生きろ」である。

最近の落語界全体の流れや勢力図もつねに動いており、また落語立川流も正式に法人化しようかという話もあるという。最新の落語演出法の変化や、噺の流行《はや》り廃りもある。ましてや「文明世界」の変化のスピードとなると驚異的だ。そのような「現代」の動きを注視し、認識し、できるだけ分析し、そして行動しつつも、いっぽう立川流創設以前、いや私が生まれる以前に著された『現代落語論』のいわば「古い教え」（伝統。「現代」落語論はすでに「伝統」になっている）を絶対的に意識している自分がいる。落語立川流四十年の歴史の教えは、私の中では、不変である。

もし師匠がこの世に生まれていなかったら

立川《たてかわ》らく次《らくじ》

コロナ禍で良かったこともある。通常、師匠の独演会に行くと弟子は舞台袖、つまり真横から勉強する。落語家は落語家をお客席から見てはいけないという不文律があるからだ。ところが密を避けるために人数制限が設けられ、楽屋には出演者と舞台進行に必要な前座しか入ることが許されなかった。楽屋に入れなかった者は許可を得て、お客席から師匠の落語を聴くことになった。これが良かった。

まず、正面から観ることで師匠の落語の技術的なことで気づきがあったこと。それから、飛沫が飛ばないようおしゃべりを控え静かに開演を待つお客様の雰囲気を感じられたこと。そしてもうひとつ、僕自身がファン時代の感覚を思い出したこと。

とくに印象的だったのが二〇二二年暮れ。有楽町よみうりホールで開催された、この年最後の師匠志らくの独演会。ネタは『寝床』『シネマ落語・天国から来たチャンピオン』『死神』『シネマ落語・素晴らしき哉《かな》、人生！』の四席。独演会二回分とおっしゃっていたが、たしかになかなかのボリュームだ。この日は楽屋の人数制限はなかったが、販売していない席があると聞き、許可を得て二階席最後列に座らせてもらった。「志らくが世間をどう斬ってくれるのか」と期待するお客様も少なからずいるなかで、時事ネタなどのマクラをふらず、落語だけを語る姿がかっこいい。

シネマ落語とは、名作映画を落語化した師匠のオリジナル作品。前半に演じた『天国から来たチャンピオン』は数多く発表されたシネマ落語の中で間違いなく最高傑作だろう。映画ではアメリカンフットボールの選手が、落語になると花火職人になる。思いつくようで思いつかないアイディアだ。正直なところ原作の映画よりも良い。花火が打ち上がるので季節は夏。

いっぽう『素晴らしき哉、人生！』は、映画同様、季節は年の瀬。人生に絶望したひとりの男が、死神によって〝自分が生まれていない世界〟に連れて行かれ、いかに自分の存在が多くの人に良い影響を与えていたかということに気がつく、という物語。映画では死神ではなく天使の役どころ。ひとつ前に演じた『死神』の死神が再度登場するという趣向だ。余談だが前半の『寝床』に出てきた義太夫好きの旦那が、後半の

『死神』にも登場し、「義太夫を語りながら縄跳びをぴょんぴょん跳ぶ」というギャグは、僕の知る限りこの日だけのものだ。

話を『素晴らしき哉、人生！』に戻す。僕は入門前に、旧池袋シアターグリーン、マイクなしの劇場で、このネタを初めて聴いた。その衝撃は大きかった。映画のように回想シーンを表現する超絶テクニックに痺《しび》れた。語りだけでこんなことができるのか。よく、落語を聴いていると映像が浮かぶというが、それ以上に、落語を聴いているということすら分からなくなるくらい、話の世界に連れて行かれた感覚を覚えている。

年の瀬の有楽町よみうりホール。あの大きな会場の二階席最後列から観てもマジックのようなテクニックは冴え渡っていた。〝もし師匠がこの世に生まれていなかったら？〟。僕は何をしていたのだろうか。『素晴らしき哉、人生！』の物語とリンクして不思議な感覚を味わった。

立川流四十周年。僕はいよいよ人生の半分が、志らくの弟子なのだ。しかし、弟子っていったいなんだろう。その答えは、僕が入門二十周年の記念に、師匠からいただいた色紙に書かれている。

「らく次、お前は俺のファンか」

家元をローマ皇帝に喩えてみれば

立川志らべ《たてかわ・しらべ》

私みたいな孫弟子が家元のことを書くというのはじつにおこがましいし、「お前ごときに何がわかるんだ！」と叱られそうですが、あえて挑んでいきましょう。

と言っても、孫弟子となると家元と直接関わることというのはあまりないのです。ですから私が書くことは、ほとんどが見聞。マルコポーロの了見で書いていきます。

やはり、亡くなって十年経っても、「今、家元がいたらどうなってただろう？」と思うことはのべつ。最近、「今の世の中だと家元も炎上してたのか？」と考えます。

私が○歳だったころ、家元は沖縄開発庁政務次官に就任しますが、二日酔いで記者会見をし、三十六日で辞任します。これ、「今なら大炎上」、というわけでなく、その当時でも大炎上してたはずなのです。孫弟子世代ですらいまだにネタにするこの出来事ですが、案外気の小さいところのある家元はそこそこ落ち込んだと思うのです。それが証拠に後年、「日本中から嫌われる厳しさ」というようなことを口にしてました。

私の師匠志らくは、家元に関して、「感覚と理屈が共存している」というようなことを言います。新幹線で弟子が網棚の上の荷物を下ろそうとして、誤って家元の頭に落とした時、声を張り上げて「俺に嫌がらせをしようとしているなら正解だ！」と言ったエピソードがあります。これこそ家元らしさ全開エピソード。〝怒り〟という感情と、弟子を客観視した洞察。こんなことが同時に出てくる人なんているでしょうか？　いないでしょ〜。

ただし、いつでもどこでも感情と理屈が五分五分というわけではないのです。感情が全開の時もあるし、理屈が全開の時もある、トータルが五分五分なのです。

これもうちの師匠が言っていた話。ある人が家元に、「師匠の言うことは絶対ですよね？」と聞いた時に、「そんなことはない」と言います。驚く相手に家元は、「じゃあ俺が『お前のカミさんとヤらせろ』って言ったら言うこと聞くのか？」と問います。「それは勘弁してください」と言うと、「ほらな。絶対なんてことはない。ケースバイケースだ」と言うのです。まるで私が好きな古代ローマの統治方法のように効率的な答えです。

家元はよく「死刑廃止論者から殺せ」なんてことを言ってました。いっぽう、仲の良かった上岡龍太郎さんは「人を殺してはいかんと言うてる側が人を殺してはいかんやろ」と言う考えをお持ちでした。私としては上岡さんの言うことの方が理にかなっているな、とは思うのですが、家元は「最後は感情だ」と考えていた人なので、そこは感情論でいいんだ、と思っていたのでしょう。

そのことについてふたりで議論している様子を見てみたかったなあと今でも思います。何せ家元は議論をするのが好きだったからです。

以前、家元とうちの師匠が出演する落語会が大阪であり、打ち上げが焼肉屋でありました（ここの焼肉が美味《うま》かった〜。余談）。そこで、家元は、「俺は喧嘩している相手とでも議論はできるんだ」と言っていました。これって凄いことですよ。仲の悪い人がいたら、議論どころか逃げちゃうというのがたいていの人間でしょう。でも感情は脇に置いて議論できちゃう家元って、本当の言論人であり国際人ですよ。三島由紀夫にも近いかもしれない。

以前、上方の桂九雀師匠から聞いたエピソード。枝雀師匠と家元が同じ会に出ていた時に、お弟子さんが枝雀師匠に「師匠、談志師匠がおるから話してきたらどうです？」と言ったところ、枝雀師匠が「あの人、理屈くさいからな〜」と答えたという話、好きですねえ。お弟子さんたちはみんなで「自分も似たタイプやんか〜」と言っていたとのこと。

私は前座の時、一年先輩の現・立川小談志兄さんと夜中によく長電話してまして、その度に家元情報を聞いてました。ある時、小談志兄さんが、「師匠は今、天丼に凝ってる」と話してくれました。頻繁に車の運転手をしていた小談志兄さんに、「天丼食わせるところがあったら入ってくれ」といつも言われていたそう。そして、蕎麦屋などいくつもの店に入ったそうですが、「ダメだ」「美味くねえ」ばかり。それがある日、ひとりでふらっと入ったのでしょう。急に「『てんや』ってのは美味えな」と言い出したのです。家元は安くて美味いものに対して好評価をするのです。でも、うちの師匠は楽屋で「師匠も『てんや』が美味いなんてどうかしてんだ」なんて軽口言ってたほど。が、前座や金のない若手は「ですよねー！　さすが家元、わかってらっしゃる！」と大共感。まるで民衆の心をつかんだユリウス・カエサルの如し。

でも、ここで終わらないのが家元。当時、家元はホームページに短い日記を載せていたのですが、「天丼は『てんや』に限る」とまで書いてました。それを知った『てんや』の偉い人から「そのフレーズをください」なんて話が来たそうです。でも、ほどなくして家元がまたふらっと『てんや』に入ったら、「ダメ。油がよくない」と突然の前言撤回。まあ、あれだけ安く天丼を食わせるんだから、いつも新しい油で揚げているわけではないです。悪いタイミングの時もあるでしょう（恥ずかしながら私は今まで『てんや』の天丼が美味くなかったことないですが……）。『てんや』の人からの話もなくなったそうです。

でも、家元だって大量調理の店でいつも新しい油で揚げられるわけがないくらいのことは、わかっていたと思うのです。私が推察するに、もうその時点で家元の天丼ブームは終わってたんでしょう。めんどくさくなっちゃったんじゃないか、と。

家元の理屈っぽいところに惹かれる人もいるし、感情のまましゃべっている（ように見える）姿に魅了された人もいるのです。でも、「人間、最後は感情だ」と思っている。そして、「最後は感情なんだ」ってことが理屈になっていく、という変なスパイラルになったりして。ただ、その割り切れない部分に悩んだり、自信をなくしたりする姿に、さらに多くの人が魅了されていたように思います。というか、微妙な距離感で私はそう思っておりました。

だから、論破とか炎上とか、そんなものはとっくに飛び越えた存在なので、今さら〝炎上〟なんてしなかったんじゃないか（円丈師匠のことはあまり好きではなかったようですが）。

そして、家元はローマ皇帝だったら誰に近いか？　もちろん、家元みたいな皇帝がいるわけがない。でも、あえて近い存在の皇帝を選ぶなら、ネロでしょう。悪帝のイメージは、後のキリスト教社会が作ったもので、実際はそこまでの悪帝ではない。と言っても賢帝でもない。でも二千年後に一番有名な皇帝ですから！

家元亡き立川流の未来

立川志の八《たてかわ・しのはち》

家元立川談志が立川流を旗揚げして四十年が経ちました……。と言われてもあまりピンと来ない。もちろん、家元が偉大な方だということは理解してるし、落語家としても芸人としても尊敬してます。ただ、私は立川流に入ったというより師匠志の輔の芸に惚れ入門しました。立川流とは家元談志が創られた家元の流派、いわば談志流。したがって家元の直弟子の方々ならともかく、孫弟子にあたる私は〝落語立川流創設四十周年〟と言われても「へえ〜、そうなんだ」としか言いようがない。家元がご存命の時に入門している私でもそうなのだから、家元に会ったこともない若い後輩たちはなおのことそうではないだろうか。ただ、四十年という年月がひとつの流派にとって長いのか短いのかはわからないが、今回本書が出版されるにあたり、改めて自分のことを見直すにはよい機会になった。私が師匠志の輔に入門を許されたのが二〇〇〇年。今年は二〇二三年だから単純に私は今年で芸歴二十三年になる…………。「なっっっっっっが(長)!」。俺そんなやってたんかい! というか、立川流が創設されて四十年のうち二十三年もやってんのかい⁉ 半分以上やってるじゃねえか‼

師匠志の輔が家元談志に入門したのが一九八三年。先にも書きましたが私が入門したのが二〇〇〇年。ということは、その時師匠は芸歴十七年だったわけですね。当時、師匠はＮＨＫの番組だけでなく民放の昼の帯番組、ラジオ番組、ＣＭ等、落語会も自らプロデュースするものから営業まで全国飛び回って津々浦々。今もそうですが、当時すでに火を吹くような忙しさでした。そんな師匠に憧れて弟子入りの門を叩き、なんとか許され、それから少しでも近づこうと精進し、気がつけば入門当時の師匠の芸歴を軽く越えちゃった……。二十三年前の夢見る私に伝えたい。

「おい、お前二十三年後、チョンマゲだよ。あ、チョンマゲって言っても長髪にしてひとつに束ねてるってだけじゃないよ。月代《さかやき》剃って時代劇に出てる人みたいな頭してるんだよ。いや信じたくないのはわかる、でもホントだって。しかも、もっと言っちゃうとな、チョンマゲのくせに全然バズってないよ。そうなんだよ、お前全然人気ないんだよ。まったく売れてない。テレビ番組やラジオのレギュラーなんて一本もないよ。お前が今描いている夢を手に入れるには相当の努力と才能がないと無理なんだよ。集客も苦労してるよ。いっぱいしくじるよ。師匠だけじゃない、兄弟弟子やお客さんにもいっぱい迷惑をかけるよ。でも、そんなお前を見放さず助けてくれるよ。おかげで今でも落語家やれてるよ。人気者にはなれてないけど、師匠の下、立川流で真打になれたよ。そしてそんな俺の会を一緒に手伝ってくれる人たちとも出会えるよ。そしてその人たちの助けもあって、自分がやりたい落語会をヒィーヒィー言いながらも精一杯やってるよ。集客は大変だけど、いつも必ず来てくれるお客さんもいるよ。二十三年後、お前はなんだかんだで最高に楽しい落語家生活を送っているよ」

二十三年前、粋な落語家を夢見てた青年も今じゃ初老のチョンマゲ野郎です。ただ、今までの人生を振り返っても今が一番楽しい。これからはどうだろう。というか、まずこの頭をいつまで続けるんだ？　自分でもわかりませんが、例えば私が芸歴四十年になるまでこの頭を続けるとして…、あと十七年！　…少しはバズってるだろうか。でもそう考えると、やはり四十年という年月はボーッと過ごしてよい年月ではなくて。この先、私の小粋なヘアースタイルはともかく立川流はどうなるのか……。団体として大丈夫なのか？　もっと考えた方がよいのではないか。なぜなら、今までの立川流のイメージは家元立川談志がお作りになったものです。ですがもう家元はいらっしゃらない。今後立川流を存続させていくのなら、個々の力というより団体力がもっと必要になってくるはずです。いみじくも今年は立川流創設四十年という節目の年。だからこそ、今までを振り返りつつ「新しい立川流の四十年」をどうするのか。真剣に話し合うべき時が来ているのではないでしょうか。

しかし、意味はないとわかっていても想像してしまうのが……。もし家元がご存命だったとして、今の私の頭をご覧になったらなんと言ってくださるだろう……。貶《けな》されるにせよ、褒められるにせよ、私の落語家人生において特別な言葉になるのは間違いない。

ミルクボーイ風漫才で読み解く落語立川流

立川《たてかわ》わんだ《・わんだ》

「ウチのオカンがね、好きな落語家の団体があるらしいんけどね。その落語家の団体の名前をちょっと忘れたらしくてね」

「落語家の団体の名前を忘れてもうてん？　どうなってんねん、それ」

「いろいろ聞いてねんけどな、よう分からへんねんな」

「分からへんの？　ほな俺がね、オカンが好きな落語家の団体いっしょに考えてあげるから。ちょっとどんな特徴言ってたか、教えてみてよ」

「今から四十年くらい前に、カリスマ的な人気がある落語家が作った団体だって言うねんな」

「落語立川流やないか、それ。その特徴は完全に立川流やないか」

「立川流ね。ちょっと分からへんねんな」

「何が分からへんの？」

「俺も立川流やと思ってんけどな。オカンが言うには、その団体はみんな仲良くて和気あいあいとしてるて言うねんな」

「ほな、立川流と違うな。立川流はみんなバラバラで、なかには一切口もきかない人どうしもいるからね」

「そやろ」

「ほな、もうちょっとなんか言ってなかった？」

「オカンが言うには、その団体にはほかの団体にはない上納金の制度があるって言うんよ」

「立川流やないか、だから。立川流に決まりや。今どき上納金の制度があるのは、立川流か山口組くらいやからね」

「いや、分からへんねん」

「何が分からへんの？　これで」

「俺も立川流と思ったけど」

「そやろ」

「オカンが言うには、その団体の落語家は、ツイッターで炎上してる人はひとりもいないって言うねんな」

「ほな立川流と違うやんけ。立川流の落語家はしょっちゅう炎上してるからね。とくにD師匠とU師匠は政治的なツイートが多いから、毎日炎上してからね。ほな、もうちょっと何か言うてなかった？」

「昇進するのが、試験制なんだって」

「立川流や、だから。そのおかげで立川キウイは前座から二ツ目になるのに約十七年かかったんやから。立川流に決まりや」

「分からへんねん」

「なんで分からへんの？　これで」

「俺も立川流と思ってんけどな。オカンがな、その団体の落語家を上野鈴本演芸場の定席で観たって言うんよ」

「ほな、立川流と違うやんけ。立川流は鈴本演芸場の定席には出られないからね。立川流の落語家が出てるのは、同じ上野でも上野広小路亭だからね。鈴本演芸場に出られない落語家が出てるのが、上野広小路亭やからね。ほな、もうちょっと何か言うてなかったか？」

「その団体を辞めて、幸せになった人も多いんだって」

「立川流や、だから。立川流を辞めて、芸術協会や円楽一門会や名古屋に行って成功した人たちも多いからね。立川流は落語界の北朝鮮と言われてるからね。立川流に決まりや」

「分からへんねん」

「なんで分からへんの？　これで」

「俺も立川流と思ってんけどな。オカンがな、その団体は組織がしっかりしてるって言うんよ」

「ほな、立川流と違うやんけ。立川流は組織がなってないからね。談志師匠が亡くなって、家元制から理事制にしようということになったけど、いつの間にか理事会もなくなって、うやむやになってるからね。ほな、もうちょっと何か言うてなかったか？」

「オトンが言うには、密教の真言《しんごん》立川流《たちかわりゅう》ちゃうかって」

「いや、絶対ちゃうやろ。もうええわ。どうも、ありがとうございました」

家元の絶妙スクリーンプレー

立川志獅丸《たてかわ・ししまる》

落語立川流創設四十周年、私も昨年二十周年を迎えましたのでちょうど、立川流の歴史の半分にわたって所属させていただいております。昭和、平成、令和と時代は移り変わり、立川流令和初の真打に昇進させていただきました。私の真打昇進披露パーティーなどに、家元のご臨席を賜ることはかないませんでしたが、令和になった今、とある界隈で家元のことでお声を掛けていただくことがかなり増えております。その界隈とは？　バスケットボール界隈です。

私は現在、縁あってBリーグ・プロバスケットボールクラブ「アルバルク東京」の応援番組のラジオパーソナリティーを務めており、その関係で試合後の記者会見に参加しているのですが、その時にバスケットボールの記者の方に声を掛けていただくと、決まって家元との思い出話になるのです。

ＮＢＡ専門誌の記者の方からうかがったのは、当時のＮＢＡのプレーオフ予想企画で、家元にコメントで協力してもらったそうです。その予想の内容が、ＮＢＡをよくわかっている方にしか書けない予想だったのでとても驚いたとのことでした。

そもそもなぜ家元にＮＢＡについてコメントをもらおうとしたのか。うかがってみると、二〇〇二年か〇三年くらいに、『さんまのまんま』に家元が出演していて、砂の嵐となっているスクランブル放送をにらみながら、その奥にゲームが見えるかどうかを楽しんでいると話していたのを記憶していて、ダメ元でホームページから問い合わせをしてみたそうです。そうしたら、快く返事が返ってきたので、その時の編集部は大喜びだったそうです。

また『さんまのまんま』での家元のＮＢＡに関する話の影響はものすごく、当時中学生だった私はこの番組を観て、自分の好きなバスケのことをテレビで家元が話してくれたのが嬉しくて、より落語も好きになり、今でも立川流のファンですと話しかけてくれた現役選手もいました。

そして、バスケットボールのＷＥＢ媒体の編集長は、近年のバスケットボールに関することと、Ｂリーグ発足によるプロ化、日本人として初めてＮＢＡドラフトで一巡指名された八村塁選手とそれに続くアメリカに挑戦する日本人選手、東京オリンピックでの男子日本代表と女子日本代表の銀メダルについてなど、ことあるごとに家元のコメントをもらいたかったと話してくれました。私もそのコメントを聞いてみたかったのはもちろんですが、同時に、誰も言わないことにズバッと切り込んだコメントで、編集長がアタフタするのも見てみたい気がします。

その中でもとくに二〇二二年九月三十日の「NBAジャパンゲーム二〇二二」についてコメントをもらいたかったそうです。このゲームは、さいたまスーパーアリーナで三年ぶり通算八度目となるゲームで、ゴールデンステイト・ウォリアーズ対ワシントン・ウィザーズ。ウォリアーズはNBAファイナルMVPのステフィン・カリーを擁するチームで、ヘッドコーチはスティーブン・カー。対するウィザーズは八村塁選手が所属するチーム。以前、ご子息の慎太郎さんとの会話の中で、「家元が一番好きだったのがスティーブン・カー。そのチームに今、ステフィン・カリーがいる。もし、まだ生きていたら一度は一緒に観に行きたかった」とおっしゃっていたのを思い出しました。それが、日本でかなったかもしれないゲーム。このゲームについて一番、家元のコメントをもらいたかったそうです。

なにか運命めいたものを感じましたが、とにかく家元のバスケットボール好きに今でも多くの反響があることに、あらためて凄さを感じております。人の心をつかむ発言力を、まだまだ勉強していかなければならないと痛感しております。

思い返すこと、約二十年前。私が入門して半年、初めて立川流の新年会に参加した時のこと。私は師匠志らくの紋付袴を持って、集合場所である家元のご自宅のマンションに師匠と一緒に向かいました。当時は、四階の部屋で師匠方が紋付袴に着替えて、一階の玄関に集合しておりました。師匠志らくの着替えを手伝い、自分のリュックと師匠の着替えの入ったバッグを抱えてエレベーターに乗り込む。一緒に乗ったのは、志の輔師匠と談春師匠と前座たち。すると、エレベーターは三階で止まりドアが開く。待っていたのは、家元と当時前座だった小談志師匠。おふたりが乗ると、私の目の前には家元が。同時に計ったように鳴り響く満員のベル。あわてて降りようとしたけど、目の前の家元に手に持った大荷物。「らく太、降りて!」との小談志師匠の声とともに、半ば強引に家元とドアの隙間をかいくぐると、当然ぶつかりよろける家元。エレベーターのドアが閉まる瞬間に聞こえてきた「誰の弟子だ?」家元のつぶやき。

いろいろ終わったと思った瞬間でした。これが私の家元とのファースト・コンタクトでした。いま思うと、家元にバスケットボールのスクリーンプレーをみごとに掛けられていたのでありました。

婚礼の日の「ご愁傷様」

立川志の春《たてかわ・しのはる》

二〇二〇年四月七日、新型コロナウィルス感染症の緊急事態宣言が発出された。真打に昇進した六日後のことだった。数週間で収まるだろうという甘い期待はもろくも打ち砕かれ、月末に予定していた昇進披露パーティーと落語会は無期限延期となった。昇進即破産の画が、目の前にチラついた。

二ツ目昇進の時もそうだった。二〇一一年三月十一日、東日本大震災。その十一日後に予定していた昇進披露落語会は当然のこと、延期となった。電力不足のなか、「不謹慎」という言葉が世の中を吹き荒れた。

私が人生の新たなステージを迎えるたびに、必ず何かが起きる。

二〇一一年十一月二十三日、私は自身と妻の婚礼の日を迎えていた。延期となった二ツ目昇進の披露目を三か月遅れで開催し、一門内外からお祝いをいただいていたこともあり、婚礼については誰にも伝えず、親族のみでこぢんまりと行なった。場所は妻の実家の近く、神戸の生田神社だった。

両家の親族二十人ほどで行なわれた結婚披露宴は午後からのスタートだった。すべて滞りなくお開きとなり、支度部屋に戻って洋服に着替え、ひと息ついた。そしてポケットの中の折り畳み式のガラケーを取り出して開いて見た。

驚いた。電話の着信が、二ツ目昇進の時に取材をしてくれた記者さんを含め、数人の業界関係者からあった。「一門にも内緒にしていたのにどうやって嗅ぎつけたのだ？」と思いながら携帯画面の別の箇所を見ると、おびただしい数のメッセージが届いている。送り手には一門の兄弟弟子や芸人仲間、友人なども含まれていた。ひとつひとつ開いてみた。

「ご愁傷様です。突然のニュースで驚きました」

「ひとつの時代が終わった気がします。前を向いて歩いていってください」

「気落ちしていることと思います。僕もショックです！　でも…頑張れ！」

洒落がキツすぎやしねえか！　と思った。「結婚は人生の墓場です」という言葉は聞いたことがあるが、それでもスタート初日にいきなり「ご愁傷様です」はないだろう。「僕もショックです！」に至ってはどう捉えればよいのかわからない。「どっちなんだ!?」と。

その時テレビを点《つ》けた叔母のひとりがつぶやいた。

「談志さん亡くなったって……」

テレビのニュースは家元の訃報で埋め尽くされていた。すでに二日前に亡くなっていて、茶毘《だび》に付されていたとのことだった。

我々一門にとっても突然のニュースだった。とくに孫弟子にはまったく病状が知らされていなかったので、背後から棒で頭を殴られたようなショックだった。その時ようやく「僕もショックです！」という言葉の意味がわかった。数々のメッセージも、洒落や皮肉な祝福ではなかった。文字通り、洒落ではない事態に対する慰めの言葉だった。

そして私の婚礼については当初の目論見通り、誰にも知られていなかった。

家元が亡くなる一年前の二〇一〇年十二月十一日、私は師匠志の輔とともに、二ツ目昇進の正式許可を得るため、家元の根津のマンションを訪れた。ドキドキしながらドアの前に立つと「寝てます。御用の方は下の八重垣煎餅へ」という張り紙が目に入った。『八重垣煎餅』の親父さんと一緒に、今度は三人でドアの前に立った。チャイムを押すと、パジャマ姿の家元がスッとドアを開けて「入りな」と、煎餅屋の親父さん以外のふたりを中へ通してくれた。

その場で二ツ目昇進の許可をいただいた。師匠と並んで「ありがとうございます」と頭を下げた。喜びが身体中を突き抜けた。

昇進の話が終わったあと、家元はニコリと笑い、苦しそうな喉から声を振り絞るようにして、昔の芸人のクスリにまつわる思い出話をしてくれた。最後に「とにかくやりたいことは何でもやりな」という言葉とともに。「何でも」にクスリは含まれていないという理解だ。

その時の薄暗い部屋と震えるような緊張感、そして家元の笑顔は今も覚えている。

今年は家元の十三回忌。私の結婚生活も十三年目を迎える。

毎年家元の命日が近づいてくると「そうだ」と我が家の結婚記念日のことも思い出す。

ありがたい。続けていこう、と思う。

この節目に思うこと

立川平林《たてかわ・ひらりん》

ご依頼をいただいておりました、こちらの原稿も、締め切りが、今日となってしまいました。言いたいこと、書きたいこと、ありすぎると、まとまらないものです。

昨日は、こはる改め小春志の真打昇進披露のパーティーがありました。

一門の中で、自分と入門が一番近い、すぐ下の後輩が、小春志であり。一門の、後輩の昇進披露パーティーに出るのも初めてのことでしたが、こんなにも、嬉しいものなのですね。

同じように厳しい修業に耐え、いや、もっと厳しかったかもしれませんが、後輩の真打が誕生すること、立川流のバトンが、脈々と受け継がれていることの喜びを、あらためて、実感しました。

一日経った今でも、パーティーの余韻に浸っております。本当に素晴らしいパーティーでした。談春師匠と、小春志が、まるで親子のようでした。いつのまにか、本物の親子になっていたんですね。すごいなぁ。と、感激しました。

私は、先の師匠談志と親子になれたのでしょうか。それは、どうだか分かりませんが。

師匠は「美談は出ないんだよ」と、おっしゃっていました。美談のほうが、恥ずかしがって、世には出ないんだよ。と。

今日は、野暮を承知で、美談をさせていただきます。


私が、談志に入門し二年とちょっと経ったころの話です。前座修業の真っ只中。毎日、師匠のお供で、付いておりました。

私は、そのころ、愛知県の実家の父親のことで悩んでおりました。父は、末期癌で、余命宣告を受け、最後は自宅にて療養をしておりました。温厚だった父も、死への恐怖や、痛み、モルヒネも打っておりましたので、感情のコントロールができなくなり、家の中で暴れては、物という物を壊し、母親にも手をあげるようになってしまいました。

私は、実家がこのような状況でありながら、苦しんでいる父と母を無視して、東京で修業を続けることが、辛くなっていました。しかし、私は、前座の身の上ですし、家の事情で、実家に帰るなんてことが、許されるわけがありません。親の死に目にも会えない稼業であることは、百も承知です。

落語家を辞めたくない。修業から外れることはできない。でも、実家の父母を思うと、我慢も限界になっておりました。

そうかといって、師匠に話せるようなことではありません。

師匠に言ったところで、バカヤロウ。甘ったれるな。辞めちまえ。と言われるのが当然です。

そもそも、自分のことを師匠に話をするなんて、今までありませんでした。師匠には「ハイッ」と返事をすることしか、許されません。師匠のおっしゃったことを、聞き返すことだってNG。聞き取れなくても、難解すぎて分からなくても、ただ「ハイッ」と瞬発的に返事をしたあと、師匠の言ったことを思い返し、必死に理解しようとしました。

そんな師匠と弟子の関係性のなか、自分の話をするなんて、身のほど知らずであるし、そんなおこがましいことが、許されるわけがない。

私は、クビになることも覚悟で、師匠に話をすることに決めました。

師匠の根津のマンションまでうかがい、まずは三階の部屋のインターホンを押しました。おかみさんがお見えになり、師匠は六階の書斎部屋にいるようでした。おかみさんは、私の顔を見て、真っ先に、「平林辞めるの？」と言いました。そんな顔になっていたんですね。

私は、おかみさんに事情を話しました。

落語を辞めたくないんです。辞めたくないけど、家がこんな状態で、父母のことを思うと辛くて、我慢の限界で、と。

おかみさんは、私の話を、涙を流しながら聞いてくれました。

「パパなら、分かってくれるから。話をしてみなさい。平林、落ち着いて話すのよ」と、背中を押してくれました。おかみさんに「行ってきます」と、緊張しながら、応えると、「待って。水を一杯飲んできなさい」と、コップに水を注いでくれました。

私は、それを飲み、六階へ向かい、師匠の部屋のインターホンを鳴らしました。

師匠が、ドアまで出てきました。

「師匠、お話がございまして、参りました」

師匠は「入りな、座れ」と、中へ通してくださいました。

私は、師匠の前で、落ち着いて話ができるのだろうか、そもそも師匠が最後まで話を聞いてくれるのか、不安ばかりでしたが、話を始めました。


私の心配をよそに。師匠は思いのほか、私のすべてを受け止めて、話を聞いてくださいました。あまりにも、親身に、優しく、話を聞いて下さり、受け入れてくださるので、私は、今まで押し殺していた、すべての感情があふれ出し、師匠の前で、号泣してしまいました。

「私は、落語が大好きなんです。落語家を辞めたくないんです。でも、家のことが心配で」と、涙ながらに、すべてを吐き出しました。

じっと黙って、話を聞いてくださっていた師匠が、強い口調でおっしゃいました。

「いいか、親よりも修業が大事だというのは嘘なんだ。親より大事なものはない。親孝行してこい。こっちのことは心配するな。俺に任せろ。明日にでも行って来い」

師匠は、立ち上がり、「餞別《せんべつ》くれてやらぁ」と、熨斗《のし》袋を持たせてくれました。表には「お前を信用している」と書いてありました。中には、五万円が入っておりました。

師匠の五万円です。

普通の人の五億円ぐらいの価値があるってものです。

師匠は、「いいか、落語家はやめなくていい、名古屋には、大須《おおす》（演芸場）があんだろ。落ち着いたらそこで喋《しゃべ》ってろ」と、言ってくださいました。私は、師匠のお許しをいただき、また、一門の皆様には、大変なご迷惑をかけ、実家に戻らせていただきました。


師匠は、たまに手紙をくださいました。「焦るな、焦ったって何もならねえ。月並みの文句だが、頑張れ」と、励ましの言葉と、師匠の自宅に送られてくる民間療法などの癌の特効薬も、「親父に飲ませろ」と、送ってくださいました。

皆様のおかげで、精一杯、父と母を介護をすることができて、家の状況も落ち着いて来ました。妹と交代しながら、私にも、余裕が出てきて、落語がしゃべりたいな、と思い、大須演芸場へ行きました。

当時、怖くて偏屈で有名な足立席亭に、恐る恐る挨拶をすると。足立席亭は、「談志さんから手紙が来てるぞ。弟子の平林を育ててやってくださいって。俺も長いこと席亭やっているけど、師匠が弟子をお願いしますって手紙をくれた人は、談志さんが初めてだなぁ、やっぱり談志さんって、凄いな」と、おっしゃってくださいました。

のちのち分かったことですが、足立席亭は、笑福亭松鶴師匠のおだんで、古今亭志ん朝師匠と仲良しで、ふだんから「俺は談志なんか、大嫌いだ」と言っているような人でしたが、結局のところ、ものすごく、談志が好きなのだ、ということが、話を聞けば聞くほど、伝わってきました。


師匠のおかげで、好きな落語も演《や》らせていただきながら、悔いのない介護もできて、親父を送ってあげることができました。

師匠は、師匠自身が亡くなる直前に、「お前の親父の最後は、どんなだった？」と聞いてくださいました。

最後の最後まで、親身になってくださり、ありがとうございました。

私は、落語家になって本当に幸せです。立川流で、良かったです。

いま、師匠が創ってくださった立川流を、法人化させようと、弟子が一丸となって準備をしております。とくに孫弟子の先輩方、後輩の皆が中心になって、本気で取り組んでおります。きっと、師匠が一番望んでいることかと存じます。

ありがたいことに、ゆみこさんのゆみちゃん寄席も、お手伝いをさせていただいております。

師匠が亡くなったあと、私を弟子にしてくださった、師匠談慶のおかげで、私も談慶同様に、マルチにと、安来節や、動物愛護や、防犯落語、アルゼンチンタンゴや、ハーレーと、やりたいことをやらせていただいております。本当に、ありがとうございます。

師匠の創った、立川流が大好きです。

これからも、益々のご健勝、ご発展、間違いないです。

立川流創設四十周年、おめでとうございます。

虹色はまとまって白くなる

立川小春志《たてかわ・こしゅんじ》

二〇〇六年に立川談春に入門してから十七年が経ちました。

入門当時はそもそも女性の落語家が少なくて、師匠談春の弟子になりたいと思いながらも簡単には入門のお願いに行けず躊躇していましたが、大学院を中退して勢いで頼み込んだころを思い出してみます。

談志師匠のおっしゃっていた「落語は男性のために作られたもの」という、女性が落語家に向いていないという現実は、もちろん師匠にも言われました。ただ、弟子になりたいと思っちゃったんだからこちらもしょうがない、というあと先考えない勢いで押し切ろうとする若さがあったと思います。よくあのときに入門を許してくださった、と今になればなるほど恐ろしくなります。

当時、談志師匠はもちろんご存命でいらっしゃいました。

入門したその年の十月、東京国際フォーラムCでの「談志の独壇場・一期一会」（古稀のお祝い）の楽屋で初めてご挨拶させていただきました。

師匠談春が楽屋にて「弟子を取りました、こはるです」。

私はお辞儀するのが精一杯でしたが、「いくつだ？」「二十三です」「若く見られるというのはいいことだ」。

それから、師匠のお付きと、立川流一門の楽屋と、前座修業を続けさせていただきました。

翌二〇〇七年五月にＴＯＫＹＯ ＭＸ『談志陳平の言いたい放だい』の立川流前座の太鼓実演の収録に出させていただき（五月二十七日放送）、その後の楽屋で「お前、女だったのか」。

談志師匠は驚いていましたが、私もまさか気づいていないとは思いもしなかったので思わず一緒に驚きました。

「女に落語はできないと言ってきたし、著書にも書いてある。知っててわかってて入ったのか？」

「ただ、昔は浪曲で女性が活躍したし、講談にも大勢いる。まだ若いから、修業は役に立つ、舞台の上のエンタテイメントに通じるから今やっておいて損はない」

そんなお話をしていただいたと思います。

それからたまに立川流一門会で開口一番をつとめた際に楽屋で談志師匠に挨拶すると、「坊や、口調はいい」。

晩年の苦しそうなイラついているようなさまざまな談志師匠のお顔を拝見することも多かったのですが、怖いというより、話しかけてくださる内容は前座に教えてくれている、伝えてくれている、ということが感じられて、ずいぶん優しかったなぁと思い出します。

二〇一一年に談志師匠がお亡くなりになり、孫弟子世代が増えてきて、談春一門も弟子が増えて忙しいときだったと思います。翌二〇一二年に二ツ目に昇進させていただきました。私は師匠談春の落語を凄いと思って入門し、談春の弟子で、その所属が立川流一門という認識でずっといました。

それは談志師匠亡き後、二ツ目で活動しているときにも、対外的な立場としての落語立川流だという、どこか他人ごとのような、孫弟子で集まっていても、それぞれが独立したカラーがあり、そういうところが他協会よりも立川流らしい、とすら思っていました。

二〇二三年の今年、真打に昇進させていただき、真打昇進披露パーティーを催しました。

入門からここまで来てみて、パーティーに来席くださった立川流の師匠方と手伝ってくれた後輩たち、大勢の皆様に支えられ、そして祝っていただき、何十人もの大所帯になっても立川流の結束と強さがあったことに感動し、そして今まで立川流に当然のように甘えて独立独歩でやってきた「つもり」の自分を反省しました。

パーティーでは余興で、私がお色直しをして白無垢で再登場、という趣向をしました。最後に一門の師匠方に壇上にズラーッと並んでいただいた前で、高田文夫先生に三本締めの挨拶を賜り、「とんだ茶番」と言われながらも「こういうのは談志師匠好きだね、もし生きていたら『こはる、よくやった』っていうかね」というお言葉と、壇上にお上がりいただいた師匠方の笑顔に、光が見えるなぁと思っていました（そのとき私は白無垢で黙って立っていただけですが）。

光というのはプリズムを通すと何色もの色に分かれる、という実験があります。白い（透明）と思っていた光はいくつもの波長の色が集まった結果で、それをプリズムを通して何色もの色に視覚化することができます（いわゆる虹色です）。そして、そのそれぞれの色の光線をレンズですべて集めてプリズムを通すと再び白い（透明）光に戻ります。ただし、虹色に別れた色のうち、ひとつだけを選んでもう一度プリズムを通しても単色光は屈折するだけで、色が変わったり白に戻るということはありません。

すでに鬼籍に入られた師匠方や兄さんのことも思い出しながら、あのパーティーの時に、ふだんバラバラの色をもつ直弟子・孫弟子が、たまには光にまとまるときがあるんだと感じました。立川流四十周年や、家元の十三回忌、高田先生のスピーチ、たくさんのレンズとプリズムが働いたから、だったかもしれません。けれども、立川流という光をなすその多種多様の色のひとつとして、今年から私は談春の弟子で立川流の真打として、新たな一歩を踏み出さなければならない、と思いました。

第二部 一ツ目が語る師匠・落語・立川流

生きた芸に間に合うということ

立川志《たてかわ・し》のぽん

私の手元にひとつの音源があります。
ＮＨＫ『浪曲まわり舞台』昭和五十四年五月三日
出演：木村松太郎・広沢瓢右衛門・立川談志　於：木馬亭
ラベルの詳細にはそう記載があり、私が古い録音のマニアであることを知ったお客様から「勉強のためにもぜひ聴いてみて」といただいたエアチェック録音です。
当時浪曲界の最長老であった木村松太郎、広沢瓢右衛門の両師に対して、家元は淡々とした口調ではありますが、まだ江戸時代の風情の残る、明治時代の空気を吸ってきた方々に対するリスペクトが感じられるインタビューをしています。明治時代を生きたといえば、落語では八代目桂文楽、五代目古今亭志ん生をはじめ、その前の世代の四代目柳家小さん、五代目の三遊亭圓生などなど。講談では錦城斎典山、六代目一龍斎貞山や、松太郎師、瓢右衛門師と同じく長生きをし、晩年三代目小金井桜州と改名した五代目小金井芦州などなど。浪曲では『人情八百屋』の元となる『頭と八百屋』を演じた春日清鶴、『青龍刀権次』の港家華柳丸など枚挙にいとまがありません。

その明治時代に隆盛を極めた浪曲が戦後に衰退していった経緯として、太平洋戦争において忠君愛国・戦意高揚のために利用されたことへの反動が一因ではないかと語られます。そのため浪曲師では生計が立たなくなり一時引退していた両師ですが、松太郎師は家元のすすめで、瓢右衛門師は小沢昭一氏、桂米朝師のすすめでカムバックすることになります。松太郎師に至っては、浪曲師の舞台では必需品であるはずのテーブル掛けが、一枚もまともな状態で保存されておらず、全部布団のカバーになっており、「木村松太郎」の名前が入った布団がいくつもあるというエピソードを披露しています。

初代木村重松の芸の面影を感じさせる松太郎師からは『慶安太平記』を、瓢右衛門師からは『鈴ヶ森（白井権八）』『佐野山』を家元が習ったのはこのころで、若き大村益次郎、伊藤博文、井上馨などの幕末の志士を物語る瓢右衛門師お得意の『英国密航』も習いたいとインタビューの中で語っています。また、若い世代の観客そして演者に対して、古い時代のものを無理して聴かせることもないが、キッカケだけはつくってあげないといけないと後進に向けての指針も語っています。

家元の数ある録音のひとつ『談志百席』の中でも、松太郎師と瓢右衛門師の会を企画し、渋谷にあった東横ホール（東横劇場）で開催して、レコード化までしたことに触れています。ぜひ記録を残したいということで当時のＮＨＫ会長に直接電話して、

「こうこう、こういうわけで中継してくれ」

「急に言われても……」

「やってくれ！」

中継したいからって上の人に電話してはダメだと、あとで現場の担当の方に怒られたと家元は笑い話にしていますが、私が正直思うのは……、

「談志が電話すればどうにかなるんだ」

という単純な驚きで、そのおかげで貴重な記録が残っているのですが。さらに調べてみますと、レコード化されているのは一九七八年十月二日に東横劇場で行なわれた

「米朝・談志・瓢右衛門・松太郎の会」のことと推測されます。当日の番組は家元による松太郎師の紹介から始まり、松太郎師の『慶安太平記』、家元の『源平盛衰記』。中入りを挟んで米朝師による瓢右衛門師の紹介、瓢右衛門師の『英国密航』、米朝師の『はてなの茶碗』という贅沢なプログラムです。時代に間に合っていたならぜひ勉強に行きたい企画です。

これと似たような企画で翌年開催され、無理やりＮＨＫに中継・収録してもらったのが、私の手元にある木馬亭での『浪曲まわり舞台』の音源なのではないかと推測されます。

私ごとですが昨年、浪曲の東家孝太郎さんの会の助演で浪曲の定席・木馬亭に出演させていただきました。舞台下手側、太鼓の置いてある舞台袖の壁にはめくりを置く棚が何段かあり、その壁に松太郎師と家元談志の千社札が貼ってあるのを見つけた時には、点と点がつながりこれまでの答え合わせができ、その歴史の一証人になったような気がして、木馬亭の舞台に立てることの（実際は座布団に座りましたが）さらなる喜びで気持ちがいっぱいとなりました。あの日はひどく興奮したことを覚えております。

夏目漱石が『三四郎』の中で、三代目小さんと同じ時代に生きられることの喜びを記したことは有名ですが、いま風に言い換えれば「推しは推せる時に推せ」ということなのでしょう。私自身、録音・動画などの記録だけでは補えない生きた芸に間に合うことの重要性を日々痛感しています。一演者としても、惚れた芸にはできるだけ立ち会い、できることなら教えを乞い、自分の中に少しでもその芸を取り込んで、自らの芸として消化し体現していければと思います。

家元が晩年繰り返し触れていた「江戸の風」という言葉。落語の舞台となる江戸時代、その匂いの残る明治〜戦前までの空気感。その間に合わなかった時代に対して、間に合わなかったから知らないという悔しさのある半面、憧れもあるというジレンマに挟まれています。その穴埋めをどうにかして、落語を現代に通じさせようと今日性とライブ感を保ちながら、そこに少しでも江戸の風が吹かせられるように……いつになるのかなぁ。精進します。

踊らないアステアとロジャース

立川《たてかわ》らく兵《らくへい》

私は家元の談志からすると孫弟子の世代に当たります。ですので家元から直接ものを教わる機会はあまり多くありませんでした。

入門して一か月くらい経ったころ、師匠の志らくに連れられて、落語会の楽屋に行きました。初めて家元に紹介してもらうためです。挨拶のタイミングを見計らって廊下で待たされました。師匠は楽屋の中に入っていく。ひとり残されて緊張する私の様子が、あまりに怪しかったのでしょう。私の前を通りかかった家元が大きな声で言いました。

「楽屋に変な奴がいるぞ！」

とたんに周りの関係者が何人か集まって来る。今にも警察を呼ばれそうな勢いです。

その中をかい潜って、師匠の志らくが私を家元に紹介してくれました。

「このたび弟子に取りました、らく兵です」

家元が答えました。

「何でも弟子に取りゃいいってもんじゃねえぞ。この野郎！」

私のせいで「師匠」が「大師匠」から大目玉を食らう。入門早々、とんでもない大失態です。あぁ、短い落語家人生だった。この先いったいどうしよう。そのまま廊下で思案に暮れていると、しばらくして再び通りかかった家元が私に向かって言いました。

「まぁ、そのうち慣れらぁ」

あの時の目は優しかったなぁ。前座は周りに気を使わせてはいけない。空気のように馴染まなくてはならない。楽屋での立ち居振舞いを、身をもって教わりました。

また、ある師匠の真打昇進披露パーティーでのこと。会場の部屋の入口で、若手の何人かが祭囃子《まつりばやし》を演奏していました。すると家元がその場にさしかかり、私の担当していた楽器の当り鉦《がね》を手に取りました。

「与助ってのは音を添えるだけでいいんだ」

与助とは当り鉦の別名です。そのまま実演してくれました。私にとっては文字通り、手取り足取り家元からものを教わることができた、数少ない思い出です。

また、とある落語会の楽屋にて。階段で家元とすれ違いました。私に振り向きざま、「お前は誰かに似てんだよなぁ」と首をひねる家元。はて、その誰かとは。落語家なのか、お友だちか、はたまたご親類でしょうか。今でも時どき気になって眠れません。できることなら教えていただきたいものです。

師匠の志らくを通して、家元の好きなものをたくさん教わりました。とくに芸能に関してですが、映画もそのひとつです。フレッド・アステアとジンジャー・ロジャース。ハリウッドのミュージカル黄金期を支えた名コンビです。

最近、F・アステアの晩年のホラー映画と、G・ロジャースのサスペンス映画のDVDを見つけました。ダンスを踊らないふたりの作品は珍しいので、師匠の志らくに届けてみました。

「師匠のことだから両方とも知ってるかな。かえって叱られるかも」

そう思いながら差し出しました。比較的、新しく発売されたものだからでしょうか。師匠は「これは観たことないかな」と受け取ってくれました。

家元にも、届けたら観てもらえるかなと、ふと考えました。

ひと筋の光

立川志の彦《たてかわ・しのひこ》

私にとって落語は光だ。

早いもので師匠志の輔に入門して十六年の月日が流れる。人に笑ってもらい、それでお金をもらって生活する。小さいころから憧れていた人生を、とりあえずは過ごせているみたいだ。自分のやりたいことを仕事にできていて、幸せな人生なんだと思う。でもときおり襲われる漠然とした不安はなんだろう。

いまは落語をすることが楽しくて楽しくてしょうがない。

覚えても覚え尽くせない星の数ほどある古典落語。稽古しても稽古しても天井がまったく見えない落語の技術。自分の人生をかけるに十分すぎるほどの深淵さをもつ落語に出会えて本当に幸せだと思う。

私は落語に救われた。

人を笑わせることが好きで、それで飯を食いたい。中学生ぐらいから明確に持っていた気持ち。でもどう自分を表現していいかわからないまま、時間だけがどんどんと過ぎていく。自分だけがまわりから取り残されて、いつまで夢見てるんだ、現実を見ろ、という声が聞こえてくる。もう諦めなければだめなのか、夢を捨てたこの人生に意味はあるのだろうか。

最後の最後で出会えたひと筋の光が落語だった。もし自分が落語と出会えず、夢を諦めていた人生を考えるとゾッとする。当時の私にひと筋の光を与えてくれた、談志師匠、師匠志の輔には感謝してもしきれません。

私も誰かに光を与えられる存在になれるのだろうか。この素晴らしき落語を少しでも光り輝かせられるように、走り続けたいと思う。立ち止まると過去の自分を裏切っているようで不安になるから。十年後、二十年後にどんな落語をしているのか考えると、とても不安になるけど、とても楽しみだ。

三枚師匠

立川談吉《たてかわ・だんきち》

私には師匠が三人いる。立川談志、立川左談次、立川談修だ。

同時に三人の師匠の弟子になったわけではない。最初の師匠である談志が亡くなり、同じく次の師匠の左談次も亡くなったため、談修の預かり弟子となったのだ。弟子にとって師匠とはある種の親のようなもので、そんな親を二度も失うとは思わなかったし、本音を言うとなかなかに辛い。一時期あまりの辛さに謎の宗教に入信しかけ、すんでのところで運よく難を逃れたほどだ。しかし辛いだとか苦しいだとか、そんな感情は世間に幾らもあふれているし、珍しくも面白くもない。そんなものとは反対の感情を楽しんでもらい、お客さんの脳内をいっときでも異世界に運べたら。現在そんな落語家を目指している。

最初の師匠は超人である。人や物を目だけで見ず、五感六感全感覚で見ていたような気がする。物事を斜めからではなく、まっすぐ正面から全方向で捉えるので、嘘やごまかしが効かない。インプットしたものを理性的に分析し感覚で遊んでるようだったが、実際はどうかわからない。

私が談志を語るにはまだ経験が足りないので、この程度で勘弁してもらいたい。落語の基礎はもちろん、優しさや笑顔の作り方、その他もろもろ教わった。つねに遊びの心を持ち、日常を落語のように楽しむ、とにかく面白い師匠だった。

談志が死んだ。ついでに左談次も死んだなんて書くと、あの世から「おいおい」とか「バカ野郎」とか「こういう奴だこいつは」などのツッコミが、小気味良い調子で聞こえてくるような気がする。ニコニコ笑って扇子を弾き、毒を吐きながら本を叩き付ける左談次の姿は、どう思い出しても最高だ。休みの日にはウィスキーを片手に読書をし、テレビの国会中継にツッコミを入れながら観《み》ていた。骨折しようが癌になろうが声が出なかろうがすべてを笑いにする。噺家としての基礎を教わったつもりだが、難解すぎてとても真似はできない。粋というものが何なのか田舎者の私にはわからないが、もし左談次が粋じゃないとするなら、粋などどうでもいい感覚だと思える、それほどカッコ良い師匠だ。

桃栗三年柿八年、談志三年左談次八年、現在の師匠は談修だ。私が前座の頃からお世話になっている兄弟子で、二ツ目の昇進披露落語会でも出演をお願いしたほどだ。談修が落語を演っているのを舞台袖で見た談志が、「こういう風格を持った噺家はなかなかいないんだ」と言っていたのをそばで聞いているし、また左談次も上野広小路亭の楽屋で、スピーカーから流れる談修の落語を聴きながら、「おれは寄席でこういう落語を一日聴いていたいんだよ」とも言っていた。当然私も同意見であるが、生きている師匠について弟子が何かを述べるのは、おこがましいを通り越して気が違った可能性もある。裁判長には情状酌量の余地ありと判決をお願いしたい。師匠すみません。

師匠を失うのは間違いなく不幸だ。しかし三人の師匠の弟子になる特殊な環境は、間違いなく貴重で贅沢だとも思う。談志が死んだ、ついでに左談次も死んだ、しかし談修は生きているし、私もみんなも生きている。

立川流がどこへ行くかはわからないが、弟子にも孫弟子にもそれぞれ教えは伝わっている。立川流四十周年、騙されたと思って立川流の落語を聴きに来てほしい、責任は持ちませんが。

福岡空港のラウンジで

立川志の太郎《たてかわ・しのたろう》

私が志の輔に入門したのは二〇一〇年四月です。

四か月の見習い期間を経て、同年の八月に師匠から「志の太郎」という名前をいただきました。その年の十二月、生志師匠が福岡博多座で家元との親子会を行なう際、前座としてお声掛けいただき、師匠志の輔からも「行ってきなさい」とのお許し。

じつはこの時が家元、立川談志に初めてご挨拶をさせていただく、私にとっては忘れられない日となりました。

家元が楽屋入りされて、落ち着いたタイミングを見計らい、志の輔に入門した旨をご挨拶させていただくと、家元はしばらくの沈黙のあと、「そうか、勝手に生きろ」。

あの大名言を直接いただきました。

その言葉を胸に刻みつつ、いざ開演致しますとご存じのとおり前座の仕事は多岐にわたり、それをこなすのに精一杯。

会が終わり、翌日はひとりで東京へ帰る予定でしたが福岡空港へ向かう道中、飛行機がなんと家元と一緒。

もうどうしたらいいか分からず、とにかく動くしかない、と腹をくくりますがあたふたしているうちに福岡空港着。飛行機のフライトまで少し時間があるということで家元御一行は空港ラウンジで過ごすことになりました。

腹をくくると決めたものの、どうしたらいいか分からずラウンジの中に入って行く家元の後ろ姿を三メートルぐらい離れたところから見ていると、家元が自動ドア越しにクルッと振り返り手招きをして呼んでくださいました。そこからラウンジ内で野菜ジュースを一緒に飲みながら三十分ほどいろんな話をしてくれました。

その話の内容は……詳しく書きたい思いはありますが。やはり大切な想い出なのでいつか高座で話そうと思います。

ひとつだけ少し書くと、私の師匠志の輔の故郷富山県名産の鱒寿司について家元が「鱒寿司って美味《うま》いよな」とおっしゃったのですが、この「鱒寿司って美味いよな」の言葉を発するタイミング、話の流れ、切り替え、に何より格好良さと、入門してまだ一年も経っていない私に対しての優しさをすごく感じました。

もっと詳しく書きたいのですが。

やはり……いつか高座で話そうと思います。

そこから家元とはもちろん立川流の新年会でお会いすることはありましたが、先に書いたような距離で過ごせたのはたった一回きりとなります。

ですので、私の現在の落語家人生において強烈な想い出を作ってくださった家元立川談志、「行ってきなさい」と言ってくれた師匠志の輔、福岡の会に声をかけてくださった生志師匠には感謝の気持しかございません。

私は志の輔の弟子として二〇二三年時点でまる十三年。たくさんのことを今も師匠志の輔から教わり吸収させていただいてます。そして十三年、師匠の背中を見続け、やはり師匠志の輔にも格好良さと弟子への優しさを感じることが、数えきれないほど、山ほどあります。

私の落語家人生はこれからもまだまだ続いていきます。この文章を書きながらいろ

いろと思い出し、やはり私は立川流でよかったな。そして志の輔の弟子でよかったな
と、心の底からあらためて思いました。

「褒められたら、ちゃんと喜べ」

立川吉笑《たてかわ・きっしょう》

師匠・談笑の独演会は文字どおり「独演」であることが多い。ゲストはおろか開口一番の前座さえ起用せず正真正銘ひとりで二時間の公演を作り上げる。これは師匠の美学だ。

例外だったのは北沢タウンホールで開催されていた『月刊談笑』という会で、ここだけは毎回開口一番として僕や弟弟子の笑二を高座に上げてもらっていた。満席のホールで落語ができる喜び、それ以上にトークパートに出演される落語評論家の広瀬和生さんに、そしてなにより師匠に自分の落語を聴いていただけることはかけがえのない時間だった。

数か所だけ独自のくすぐりを仕込んで、どの前座よりもウケる自信があった『道灌』。初めて自分らしさを前面に押し出した擬古典『見たことも聞いたこともない虫』。『鮫講釈』のネタ下ろしは、たくさん稽古した講釈部分がめろめろになって悔しい思いをした。上手くいった高座も、前のめりに挑んだ結果大怪我をした高座も、前座時代の僕にとってどれもが血となり肉となった。

一年半というヘンテコな速さで二ツ目に昇進してからは、前座だった笑二が毎回『月刊談笑』での開口一番を勤めることになった。「二ツ目なんだから自分の持ち場で精一杯頑張れ」という師匠の方針だと分かりつつも、太鼓番として会にはいつも顔を出していたから、そこから数年間は毎月あの高座に上がって勝負ネタに仕上がった『真田小僧』や『饅頭怖い』を披露してドカンと笑いを取っている笑二を見ながら、嫉妬することが続いた。自分にも演りたいネタがある、聴いてもらいたいネタがあるのに、といつも悶々としていた。

そんなある日の『月刊談笑』終わりでのこと。僕はタウンホール向かいにある白レバーが美味しい焼き鳥屋の小さな丸椅子に座っていた。隣には、今は亡き主催者Nさんと反対側に笑二、向かいには師匠と斜め前に広瀬さん、いつもの面々だ。

薄暗い店内にはタバコの煙が漂い、間接照明の光が強く当たる部分だけとくに煙が濃く見えた。酒が進むにつれて、気づけば広瀬さんとNさんが僕や笑二のことを褒めてくださるのはいつものことで、この日も「吉笑くんも笑二くんも面白いから、談笑さんのところは良い一門ですねぇ」と広瀬さんが切り出す。褒めてもらえることはもちろん嬉しいけど、出番がない僕より笑二の話が多くなるのは当然のことだし、そもそも太鼓しか叩いていないのにこうして酒を飲んでいる状況に充実感を抱くことなどできず、帰って新しいネタを作りたいなぁなどと思っていた僕は、気づいたら生返事をしてしまっていた。笑二は笑二で前座としての気働きをしながら、しかも師匠や兄弟子の前で褒められたところで、言葉を額面通り受け取ってのんきに喜ぶわけにもいかず、同じように緩いリアクションをしていたのだろう。

と、その時。二本目のボトルを開けてお湯割りを飲んでいた師匠がいつもより強いトーンで「なあ」とこちらに声をかけてきた。「さっきから褒めてもらっているのに、なんだその態度は。せっかくこうして言葉にして伝えてもらっているんだから、『ありがとうございます』と胸を張って受け止めて、褒めてもらえたら素直に喜びなよ」といつも以上に強い口調で指摘された。一門によっては（というかほとんどの場合）、師匠の前で第三者に褒められた弟子が迂闊《うかつ》に喜ぶと、その師匠から「調子に乗るな！」と小言を食らうだろう。ただ、うちの一門は違うのだ。

「発展途上の修業中だとしても卑屈になるな」

「とにかく楽しんで落語をやれ」

「やりたいことをどんどん試せ」

「萎縮するな」

「その上で、やりたいことをやって、それがお客様に求められていないと感じたら無理に落語を続けるな。ほかに絶対君の才能を活かせる場所はあるのだから、そちらに舵を切る勇気をもってほしい」

僕は入門した直後から、そんな言葉をずっと師匠からかけ続けられて育った。そういう師弟関係なのだ。

師匠に怒られたことは三回あって、そのうちの一回がこの出来事。

「褒められたら、ちゃんと喜べ」

変にスカしてしまう癖のある僕は相変わらず褒められるのが苦手で、油断したらうまく受け身を取れずロをふがふがさせることしかできなくなるけど、それでもあれからこっちは意識して「ありがとうございます！」「光栄です！」と喜ぶようにしている。

普遍としてのイリュージョン

立川《たてかわ》がじら

まず、この『談志が死んだ』という書物の奇怪さについて、あらためて驚愕するところから始めたいと思います。

談志家元の存命中と没後をまたいで更新され続ける『談志が死んだ』は、それ自体が立川流という、自立したひとつの遺志のように積み重なって今、このページに至っています。

この穏やかならぬ書名は、皆様にすっかりお馴染みの、談志家元がよく口にしていた回文です。それはご本人の予言通り、死去を報じるスポーツ紙の一面を飾ったわけですが、そもそも一体「談志が死んだ」という文は何を表現しているのでしょうか。

そもそも「立川談志」という主体が「談志が死んだ」と過去形で述べることは事実と

しては不可能なのです。それは、虚と実がつねに反転し続ける談志落語の高座という時空でのみ可能になる、ひとつの矛盾です。

いずれにせよこの本『談志が死んだ』は、逆向きに反復するという、回文それ自体が持つ不可思議な性質に則り、時間の不可逆性に抗《あらが》うかのようにして、この令和の世に回帰してきたのです。

さて、談志家元の落語論において、最も特徴的で魅力を放つある概念があります。これは強く人を惹きつけながらも、同時に最も人を遠ざけるものでもありました。

これは、言語にそもそもの初めから備わっていたものです。人の生存のために必須なコミュニケーションを達成する最良の手段として発達した言語は、意思の伝達という目的を（それでも伝わらない多くの事があるにせよ）飛び越えて、事実や現実、条理を超えた表現を可能にしました。言語以前の世界において、音楽やその他アートが担っていた領域が、言語の中にも潜んでいます。

談志家元は、それを「イリュージョン」と呼び、落語という特殊な言語実践において取り戻そうとされました。

この「イリュージョン」については、多くの関係者が言及するうえで由来や解釈に諸説あり、ここでは言及しないことにいたしますが、実際そのように広範囲に及ぶものとして捉えられます。私の師匠志らくによる解説は、各著書や、兄弟子志ら乃の著作『談志亡き後の真打ち』（宝島社）所収の師弟対談に詳しいです。

家元ご自身も数々の著作や高座のマクラで触れておられますが、具体的にイリュージョンの例として引用されるクスグリに『猫と金魚』の冒頭のやりとり「番頭さん、金魚、どうしたい」「私、食べませんよ」の会話があります。これは名著『現代落語論』でも紹介されており「途方もなく楽しい」と評されていますが、そこから時を経て、その他のナンセンスからとくに区別されるような価値へと移り変わっていきます。

さらにもうひとつ、イリュージョンの代表例として都度紹介されるのが、三代目桂三木助師匠の『味噌蔵』で、ケチな旦那が道で下駄が片方落っこっているのを見つけた際の、使用人とのやり取りです。『談志最後の落語論』（ちくま文庫）のヴァージョンを引用します。

〈「下駄が片一方落っこってる。ケチな旦那だから、

〝拾いなさい〟

〝拾ってどうするんですか〟

〝台を割って薪《まき》にしなさい〟

〝なるほど。鼻緒は捨てますね〟

〝もったいない。羽織の紐にしなさい〟」〉

これを最もよく説明するのは、文化人類学者として名高いレヴィ＝ストロースが神話的思考の方法として取り出してみせた「ブリコラージュ」の方法であります。

ある秩序に従ってモノを作らざるを得ないエンジニアの目的が定められた思考に対し、ブリコラージュは目下のあり合わせの材料からゲリラ的にモノを作ります。それぞれの素材が個性を保持したまま別のパーツと組み合わされるブリコラージュは、人間が神話を構成した方法と並走します（ブリコラージュの例としては、戦時中にベッドの脚やパラシュートの紐などを組み合わせて出来た、沖縄のカンカラ三線がありま す。それは抵抗であり、トリッキーなものとして顕現します）。

ルールによる統制を離れ、言葉が自由気ままに振る舞う空間。それが心を震わせるとき、イリュージョンが閃光のように生成します。ここにおいて、音速と光速が重なり合うのです。

再び『談志最後の落語論』から引用します。

〈イリュージョンというのは、毎度言うとおり、宇宙に群れあっている無数のモノやコト、生き物から、さっと一部だけを持ってきて、〝どうでい〟と示すものだ、という言い方もできる〉

〈きらびやかな光線が空のあっちこっちから射してきて、二本の光線が交差する、その交差した点こそ、イリュージョンである。その、交差した瞬間、一致した瞬間が〝堪《たま》らない〟〉

いわゆる「シュール」の枠には収まらない、言葉と身体の説明不可能な一致をみたときの奇跡が、イリュージョンと呼ばれていると考えてよいでしょう。

最晩年のキイワードとして知られる「江戸の風」が、江戸というひとつの時代・地域に、時間・空間の軸を一致させて落語の条件を問うものであるのに対し、「イリュージョン」は人間に普遍的な表現を対象とします。その射程には少なくとも、人間が言語を獲得して以来の長大な歴史がおさめられていることは間違いありません。ことに日本語においては、立川談志が落語という時空にそれを見出しました。

しかし立川流の落語家としては、談志家元の「イリュージョンにはまだ早すぎる」

や「イリュージョンはあくまでも添え物である」という断片の言葉に意識を向けて、これを本稿とは別の課題として精進する次第です。

一般社団法人より宗教法人

立川《たてかわ》らく人《らくと》

「こんちは」

「おや、お前さんかい。さぁさぁ、お上がり。いったいどうした」

「チョイト、聞きたいことがあるんですけど」

「何でも聞いてごらんなさい、聞くは一時の恥、聞かぬは末代の恥といってね」

「そうですか。それなら立川流について聞きたいんですけど」

「えっ、なに？」

「立川」

「あぁ、中央線が走ってるのが立川（タチカワ）」

「タチカワのことは聞いてないんですよ、立川」

「落語界のメインストリーム、中央を走ってないのが立川」

「そんなことはないでしょ。いや、そうじゃなくて立川談志師匠が亡くなってからのこと、これからの立川流について聞きたいんですよ」

「あぁ、二〇一一年に立川談志という落語の神様が仏になってからの立川流について聞きたいと」

「紛らわしい言い方ですね。でも、そういうことです」

「まぁ、とりあえず談志師匠が亡くなってからも変わらず新年会を行ない一年に一度は集まっているらしいな」

「それから？」

「それから毎月、上野広小路亭などで立川流一門会を開催している」

「それから？」

「それから、え～…それだけだよ。落語家の団体なんだからそれだけ。いいか、立川流をちゃんとした団体と思ったら大間違いだからな」

「えっ、そうなんですか？」

「現状、立川流は窓口すらないんだから…。そこで、このままではいけないと孫弟子世代を中心に若手が立川流を法人化するべく動いているらしい」

「今後のことを考えたら大事なことですよね。法人化ということは一般社団法人ですか？」

「そうだろうな。でも立川流は社団法人よりも立川談志を神とした宗教法人のほうがピッタリ」

「ピッタリではないでしょ」

「ただ法人化するというのもひと筋縄ではいかないもので全員が賛成していないからどうなるのか…。結局、あやふやになってこれからも立川流はフワフワとした団体のまま変わらずに存続していくかもしれないな。窓口すらない団体のまま五十年百年と」

「難しいものですね。でも、逆にそれで四十年存続しているというのは凄いですよ。そう言えば確か今年は創設四十周年を記念して新しく本が出るんですよね」

「そうそう、創設二十周年の『談志が死んだ　立川流はだれが継ぐ』、三十周年の『増補　談志が死んだ』に続く四十周年記念の『シン・談志が死んだ　立川流はどこへ行く』だな」

「へ〜、そうですか。でも、考えてみたら『談志が死んだ』って回文ですが『シン』が付くと回文じゃあなくなりますね」

「大丈夫、タイトルはカイブンじゃなくなっても中身は怪文…」

「失礼ですよ。怪文を書きそうな人が立川流にいることは否定できませんが…。でも、タイトルにシンと付けるのは今の流行りなんでしょうね」

「タイトルにはシンがあっても団体にはシンがないのが立川流…」

「冗談言っちゃいけない」

二〇一一年十一月二十三日のキャバクラ

立川笑二《たてかわ・しょうじ》

二〇一一年五月三日、落語会の会場にて出待ちをして談笑に弟子入り志願をした。談笑の第一声は「落語家として食っていきたいなら立川流は辞めておいた方がいいよ。うちは談志が亡くなったらどうなるか分からない団体だから」というものだった。立川流という団体は立川談志を頂点とする組織ではなく、談志を中心にして成り立っている組織であること。その中心となる存在がいなくなったときに立川流という団体が消滅する可能性があること。所属団体のない落語家は世間から認めてもらえないかもしれないということ。

ほかにも立川流という団体の特殊性や落語界における立ち位置などの事情を、どこの馬の骨かも知れない私に丁寧に教えて下さった。

ひと通り話し終えた後で談笑は「そういうことだからウチは辞めときなよ」と言った。しかし、当時二十歳だった私は落語家として生活ができるかどうかということよりも、一番好きな落語家の下で落語を教わりたい。一番面白い落語家に認めてもらえるような落語家になりたいという気持ちしかなく、談笑に入門すること以外考えられなかった。

その想いを伝えることができたのか、談笑が諦めたのかは分からないが、無事入門が許されることになった。

十月十六日、根津で行なわれる落語会に談笑のお供で付いていった。

落語会の終演後、「入院中だからいないと思うけど、近所だから家元の家に寄ってみようか」という談笑の提案で談志師匠の住むマンションへうかがった。すると偶然にも談志師匠が一時帰宅中でお目にかかることができた。

談笑と並んで正座し、「師匠、今度ウチで取ることになった笑二です」という談笑の言葉のあと、「談笑の二番弟子の立川笑二です」と言って頭を下げた。

顔を上げると談志師匠が私を見ていた。

何十時間も繰り返し見ていたテレビの中の人。何百時間も繰り返し聴いていたウォークマンの中の人。立川談笑が師匠に選んだ人。

その談志師匠が私を見ていた。

帰り道、浮かれている私とは対照的に、談志師匠の前では明るく振舞っていた談笑がかなり落ち込んでいるように見えた。

後になって思うと、弟子入り志願時に談志師匠の容態がよくないと言っていたが、その日お会いしたときの談志師匠の容態はおそらく談笑の想像以上だったのかもしれない。


十一月二十三日、談志師匠がお亡くなりになったという報せがあった。その日の夜、同門の兄弟子である吉笑から「飲みに行こう」というメールが届いた。家にひとりでいても落ち着かず、やみくもに外を歩いていたときだったのでありがたい誘いだった。

高円寺の居酒屋で合流してふたりで飲んだ。

談志師匠の話から、今後の立川流について。喋れば喋るほど気が重くなった。居酒屋を出た後、「キャバクラでも行ってみるか」と吉笑が言った。

「兄さん、キャバクラとか行ったことあるんすか？」

「ほとんどないけど、にぎやかなところに行ったら落ち着く気がして」

「あー、逆にね」

「逆にな」

なんて会話をしながらお店に入った。

同席したお店の女性に「なんの仕事をしてるんですか?」と訊かれた吉笑が「俺はIT系の仕事なんですけど、こいつは落語家なんですよ。こいつの落語、マジで面白いんですよ」と応え、お店の女性から「えー聴きたい、やってやって」と囃された。

断るのも癪《しゃく》に思った私は一番最初に談笑から教わった噺をやった。立川流の落語家が最初に自分の師匠から教わる『道灌』という落語。談志師匠の音源も何度も聴いた。談志師匠の演じる八五郎は隠居さんのことが大好きでからかっていて、隠居さんも八五郎と喋るのが楽しくて仕方ない。そんな雰囲気が伝わってきて大好きだ。

今日はこの落語をやるしかないと思い、談笑からの「この噺でウケようとしなくていい。とにかく大きな声でハキハキやりな」という教えの通りにキャバクラのボックス席で落語に入った。

「どうも、隠居さん、こんにちは!」

「おや、八っつぁんじゃないか、まぁまぁおあがり」

あれから十二年。落語立川流はまだ存続している。さらには、ここにきてよりいっそう組織として強くなろうという動きもある。

十二年前に戻っても私は談笑に弟子入りするだろう。なんの選択も間違ってなかった。

ただ、キャバクラで落語はやらないだろう。隣の客に怒鳴られる。

「俺にもいろいろあるんだ」

立川寸志《たてかわ・すんし》

私は談志師匠にチップを渡したことがある。祝儀というレベルではない。まことに僭越だが、千円札一枚を、その手に握らせたことがあるのだ。

二十代後半、まだ会社勤めだった私は、日曜日の銀座の歩行者天国を歩いていた。折しも東京都知事選のさなか。候補者ひとりが襷《たすき》を掛けて練り歩いていた。その周りを囲む応援団の中に、談志師匠の姿があった。

隙のないスマートなスーツ姿。困ったような照れたような微妙な笑顔。高座以外で見るのは初めてだった。

中学生時代にＴＢＳラジオ『早起き名人会』と出会い、そこで落語と落語家を語る談志師匠に我が落語道（らくごみち）を開いていただいた私である。一緒にいた妻を置き去りにし、吸い寄せられるように近づいていった。

「あの…師匠、握手してください」

「うん」

差し伸ばされた右手をそっと握る。思ったよりずっと柔らかい。

「――応援、ですか」

「うん。俺にもいろいろあるんだ」

感動した。そうか、いろいろあるんだなあ、そうだよなあ、いろいろあるんだろうなあ――心の底からそう思えた。だって、神様の言葉だもの。

法悦のきわみに、私は殊勝なことを考えた。――こういう時は、それなりのことをしなくてはいけないのではないか――。バッグの中に財布を探り当て、素早く千円札一枚を取り出す。小さく手の中で折りたたむと、いま一度談志師匠の右手を握った。

「師匠、これ――」

「ん」

一切いぶかしがることなく、師匠はその千円札をスッとジャケットのポケットに入れた。熟練のマジシャンのような、無駄のない小粋な手の動き。

そして、こう言った。

「俺にもいろいろあるんだ」

いろいろあるんだなあ。

神の降臨と祝福を感謝しつつ、去り行く背中を見つめていたのだった。

今にして思うと、これチップじゃなくて、お賽銭《さいせん》だな。

そのころは噺家になるつもりは微塵《みじん》もなかった。四十四歳で談四楼に入門するのは、およそ十五年後のことだ。

思えばずいぶん、遠回りしている。

ギリギリでいつも生きていたいから

立川志ら鈴《たてかわ・しらりん》

立川流に入って早くも十年が過ぎた。

私、志ら鈴が立川流の志らく一門に入門したのは二〇一三年の四月のことだった。そして、今年は立川流が創設されて四十年という記念の年であり、記念の本が発売されるため、真打、二ツ目に原稿依頼が来た。ありがたい話である。

締切は猛暑真っ盛りのころであったため、気分は夏休みの宿題である。もちろん私は締切日ギリギリで泣きそうになりながらいま書いている。ギリギリでいつも生きていたいからAh、夏休みの宿題である。アイス食べたい。我慢だ。ギリギリだから。

後から知ったことだが、立川流には独自システムがたくさんあった。その中でも特徴的だと思うのは、やっぱり昇進の仕方について。

まず、前座から二ツ目に昇進するためにはさまざまな課題があり（このあたりについてはこの本のどこかで、どなたかが説明しているはず）、ぼんやりしていたら永遠に二ツ目に昇進できないアグレッシブシステムのアグレッシブスタイルである。

さすがアグレッシブ団体。そして、しっかりちゃんとしていないと、降格だってされちゃうのだ。まさかの前座返りだってあっちゃうのだ。

あるの？　あるんですよ。アグレッシブだね。

しかし、いま思い返せば、独特の前座修業からのアグレッシブ昇進までは、楽しかったような……いや、アレだ。たくさんのあり余るその時期の経験はいくらでも面白エピソードとして話すことができるから、今となってはありがたい。カップラーメン食べてるときに限って師匠帰宅しがちは前座あるあるである。

最近、ちょいちょいお芝居の仕事がいただけるのも、やっぱり前座時代の経験のおかげだと思っている。

二ツ目から真打への昇進もやはりアグレッシブ団体のアグレッシブシステム。個人個人や、それぞれの師匠により昇進スタイルや時期等もさまざまで、いろんなアグレッシブがある。さて、自分はどんなアグレッシブをと考える毎日で、猛暑で、今はとにかくアイスが食べたいが、ギリギリなのである。冷蔵庫でパルムが待ち構えている。

『俵星玄蕃《たわらぼしげんば》』をよみうりホールの開口一番で歌ったのも前座あるあるである。

ギリギリでいつも生きて来て、いま立川流に流れ着いている。このギリギリは一生治らないようで、小学生のころから宿題は最終日に泣きそうになりながらやるか、いっそもうやらないで学校に行ったりしていた。が、なんとかギリギリで生きて来た。余裕を持って生きたい。

アグレッシブ団体でアグレッシブにこれからも生きていこうと思います。

やっぱり師匠は凄いなぁ

立川志の麿《たてかわ・しのまろ》

たしか小学校高学年くらいのころだったと思う。何の気なしにテレビを点けると落語家が落語をしていた。その時はまだ「落語」という言葉も「落語家」という言葉も知らないころだ。はじめはわけもわからず何となくボ～ッと眺めていたけれど、いつの間にか画面に釘付けになっていた。

「めっちゃ面白いやん！　最高やわ！（北九州弁）」

噺の中にグイグイ引き込まれていって大笑いしたのを今でも覚えている。でもまさか、画面の中にいるオールバックでハスキーボイスのおじちゃんに弟子入りし、将来自分が落語家になるなんてそのときは思ってもいなかった。

これが師匠志の輔との、そして落語との出会い。

その日を境にたくさんの落語を毎日欠かさず夢中になって聴くようになった、と言いたいところだけれどそうではなかった。今だとユーチューブ等で簡単にさまざまな落語家の落語を聴けるけれど、当時そんなものはまだない。落語のCDを買えるだけのお小遣いをもらっていたわけでもなかったし、地方で暮らしていると落語との接点が極端に少なかった。「だったらあの日みたいにテレビで落語を聴けばいいじゃないか」とツッコミが入りそうだがそこは子供、どうしても好きなアニメやバラエティ番組にばかりチャンネルを合わせて、落語を継続して聴くことはなかった。


落語と再会したのは大学生になったとき。

なにか部活に入ろうと思っていたら落語研究会の部室を発見。テレビの前で大笑いしたあの日の記憶がまだうっすら残っていたこともあり、面白そうだと思い入部した。

入部してはじめて、あのオールバックでハスキーボイスのおじちゃんの名前が立川志の輔だと知った。部室には数え切れないほどの落語のカセットテープがあったのでたくさんの落語家を聴いたけれど、やっぱり師匠がダントツで面白い！　そして面白いだけでなく「志の輔らくご」にしかない、えも言われぬ魅力を感じた。

「俺、志の輔師匠の弟子になるけん！（北九州弁）」と親しい仲間に宣言した。

家庭の事情で大学卒業後すぐの上京はかなわなかったけれど、六年半サラリーマンをやったのち二十九歳で師匠志の輔の七番弟子となることができた。

ちなみに師匠も脱サラして家元談志に入門している。そして師匠が入門し落語立川流が創設された一九八三年は僕が生まれた年だ。この程度の共通点ではあるけれど勝手に縁を感じている。

入門してみると本当に大変だった。というより僕が不器用すぎて仕事ができなさすぎた（今も大して変わっていないけれど）。師匠に指示されたことをうっかり忘れてしまう、ひとつひとつの仕事が遅い、しかもそれが間違っている場合が多い、着物をたたむのも太鼓を叩くのもヘタ、などなど。毎日毎日、来る日も来る日も師匠に迷惑をかけた。つまり本当に大変だったのは僕ではなく師匠のほうだろう。いま思い返しても師匠はよくあんな僕を見捨てず、そばにずっといさせてくれたなと思う。

師匠のそばにいて「やっぱり師匠は凄いなぁ」と思うことは本当にたくさんある。

例えば、客席の気配。

師匠が落語をしているときに舞台袖から客席に注意を向けると、千人のお客さん全員の意識が驚くほど前のめりになっているのがわかる。ほかの落語家だったらここまではならないだろうというくらい。お客さんが「噺を聴いている」というより、お客さんが「噺の中に没入している」という、あの気配。

唯一無二の芸。


「〝お前の落語〟を確立しなきゃダメなんだ」

「〝志の磨らくご〟をお前がどう見出すかだ」

と師匠に言われる。

「じ、自信ないです」とはとても言えない。

あの志の輔がそう言ってくれてるのだから頑張らなきゃ。

不器用なりに一歩一歩。

そういえば先日、師匠から落語とマクラについて厳しめの指導をしてもらったのにまだ改善できていない。このままじゃダメだ。

よし、稽古しよう！

職業の選択ではなく、生き方の選択

立川うぃん《たてかわ・ういん》

二十歳くらいのころ、ひょんなことから家元談志の落語を聴き、その落語と言葉にすっかりやられてしまった。

「落語は業《ごう》の肯定だ」

「幸福の基準を決めよ」

「現実は事実」

ひとつひとつの言葉がいちいち痺《しび》れる。

自分だけじゃなく、世代的に〝談志の言葉〟にやられた者たちは多いらしく、もしかしたら子供のころバブルが弾けて、今までの価値観が転覆して大人たちが右往左往している姿を見て「あんまり既存の価値観って信用しちゃいけないぞ」「自分たちの価値観を、自分たちの基準を築いていかなきゃいけないぞ」と思ってるこの世代には、子供のころに終戦を味わって、軍国教育からガラッと大人の言うこと、やること、その価値観の基準が変わる瞬間をまざまざ見せつけられた談志の紡ぎだす言葉は響きやすいのかもしれない。

家元談志が亡くなって、一般の人も参加できるお別れ会へ行き、一本の白い花を手にとって献花をしながら「落語家になろう」、そう決めた。

「落語家になるなら立川流」、そう思って直弟子の方々の独演会をめぐり、誰よりも師匠志らくの剝《む》き出しの高座に惹かれ、「この人が一番格好いい！」と、弟子入りを決めた。

師匠には「自分の人生を拾ってもらった」、そう思ってる。

前座になるとき、こう言われた。

「人間には二種類ある。居場所を〝創る奴〟か〝探す奴〟かだ」

二ツ目になるときは、こう言われた。

「落語家になるのは〝職業の選択〟ではなく〝生き方の選択〟だ」

そのときどき、師匠が自分を見て何か思うことがあったんだと思う。どちらもそう言われたとき「あ、この人に弟子入りして良かった」、そう思えた言葉で、今でも芯として大切にしている言葉だ。

家元のおかげで落語に出会い、師匠のおかげで落語家になることができ、十年経ってようやっと落語を自分の居場所にすることができ始めた。次は自分の落語が誰かの居場所の一端になるよう、自分の本質に正直に生きながらやっていきたいと思う。

『談志が死んだ　立川流はだれが継ぐ』を初めて読んだときのことはなぜかよく覚えていて、金がなかったので、南千住の図書館で立ち読みしながら、直弟子の方々の追憶のページをめくっていた。

それが今回『シン・談志が死んだ　立川流はどこへ行く』の末席に自分の一文が添えられるということで。妙な感慨深さを感じながら「まぁ、なんとかやれてるよ」と、あのときの自分に伝えてやりたく思う。

十年ひと昔

立川《たてかわ》だん子《こ》

二〇一三年末、落語立川流創設三十周年を記念した書籍『増補　談志が死んだ　立川流はだれが継ぐ』（dZERO）を不安な思いで手に取った。

誰よりも遅い志願者だった私は、なかなか入門の許可をもらえなかった。年が明けて初めての一門会、日暮里寄席でようやく楽屋の外に立つことを許された。

四月に師匠談四楼へ入門。当時は女性落語家がまだ少なく、ぶっちぎりの高齢入門で師匠談四楼には批判もあり、申し訳なく思っている。

あれから十年。この原稿を書きながら、そのころのことを思い出すと、苦しいような、懐かしいような不思議な気持ちになる。まさに〝十年ひと昔〟。

まだ、たんなる落語ファンだった社会人のころ、落語家の言動に違和感を感じることがあった。その違和感の理由が解るようになったのは、内側から落語界を見るようになってからだ。

今は、その良いところも悪いところも、よく見える。パワハラなど、昔の閉鎖的な部分が残るいっぽう、美点もある。

「前座は、何者でもない」「落語家と名のれるのは、二ツ目になってから」という言葉がある。これは、〃わきまえる〃ことだ。森喜朗元首相のオリンピック大会組織委員会女性理事についての「わきまえている」発言で悪いイメージがついてしまったが、社会人にも通じる長所だと思っている。

この十年だけでも、落語界は、さまざまなことが変わってきている。女性落語家も増え、珍しいね、と言われることもなくなった。そして、法令遵守（コンプライアンス）の波がきている。ただ、訴えられることを気にして弟子を叱らない師匠がでてきたら、それは違う。ときには、厳しくすることも必要なのだ。

落語がこうして長い間、生き残ってきたのは、社会情勢に順応してきたからだ。これからも落語は、変化しながら続いて行くだろう。大師匠談志が現在の落語界を見たら何とおっしゃるだろうか。これから十年後、立川流創設五十周年のとき、立川流は、落語界は、どうなっているのだろう。

そして、私は、生きて真打になれるのだろうか。入門以来、高座で三回足を骨折(うち、ひび一回)しているので心配だ。

しかし生ある限り大好きな落語と真摯に向き合い、立川流の行く末を見るつもりだ。

最後に、こんな私を受け入れてくれた、代表の里う馬師匠、師匠の談四楼はじめ立川流の皆様へ。いつもありがとうございます。これからも、どうぞよろしくお願いいたします。

「安定は不安定、不安定は安定」

立川志ら門《たてかわ・しらもん》

今から十一年前、就職活動でお世話になった先生から、家元談志の言葉を聞いて、よし！　落語家になろうと決心がついた。周りの人からは、「いやいや、哲学すぎてよく分からん！　これでよく落語家になろうと決心したな」と言われるのだが、迷いに迷ってるその当時の自分には、腑に落ちたのである。

落語を初めて観たのは、小学校のころだった。地元愛媛県に内子座《うちこざ》という芝居小屋があって、そこで米朝一門会が行なわれていた。親に連れられて観に行って桂枝雀師匠の高座を観たときに、子供ながら面白れぇと感じたことを覚えている。それから、落語にどっぷりハマって、落語小僧になるってことはなく。その当時は、プロ野球選手になることだけを夢見て、小学校から大学に入るまで、ずっと野球ひと筋でやってきた。

これは余談ではあるが、今日の落語家、江戸、上方合わせて九百名ほどいると言われているが、数々の名投手が受けている「トミー・ジョン手術」をしている落語家は唯一、立川志ら門だけであります！　だから何⁉　だろうが……。

そんな野球小僧がなぜに落語家になったのか。もうひとつのきっかけは、大学のときに受講した日本の伝統芸能の授業で、当代金原亭馬生師匠が落語を学生に聴かせるというのがあった。教壇の上に座布団を置き、そこに座って落語をやる。大半の学生は睡眠学習。しかし私は、野球の練習疲れでヘトヘトな体でもこの授業だけは、真剣にいや、面白くて前のめりに受けていた。やっぱり落語って面白い！　そこで、再確認した。大学四年の春。自分の野球の実力も分かり、野球熱も急激に冷めて、さて、大学を卒業して何をしようと将来のことを考えたときに、ふっと「落語家になろう」という思いもあったが、すぐに、いやいや、落語家って食ってけねぇ〜だろ。そもそも、やれるのか俺、あんなに長いセリフ覚えられるのか？　正座あんなに長くできねぇ〜だろうと、けっこう安直な理由で、諦めていた夢。それから楽しいことを何か仕事にしたいと、ＴＢＳ系列のドラマ制作会社に就職し、日々目まぐるしく働いていた。

正社員で給料も安定しそれなりに稼いでいた矢先の二〇一一年三月十一日、東日本大震災。津波の映像。車がトミカみたいに渦を巻いて呑まれていく。計り知れない被災者の数。人間あっけなく死ぬんだなと。漠然とした不安が押し寄せてきた。

「このままの人生でいいのか？」

本当にやりたかったことは？　やってみたいことは？

そんな不安定な気持ちを抱えたまま、仕事もしていたが、やはり仕事も上手くいかない。

そうだ、落語家になりたいという夢があったんだ！　ただ、そもそも、やれるのか俺、あんなに長いセリフ覚えられるのか？　正座あんなに長くできねぇ～だろうと。しかし、人間いつ死ぬか分からないんだったら、やったほうがいいんじゃないか？

迷いに迷ってるそんな中、就職活動でお世話になった先生に相談した。

「これから、仕事を辞めて落語家になりたいと思ってるんですけど、先生はどう思いますか？」

「いいんじゃない。やったら！　自分の人生だし、向いてると思いますよ。落語家といえば、立川談志師匠が言ってたよ。『安定は不安定、不安定は安定』だと」

そうか、今の自分は、給料をもらえて生活は安定しているが、やりたいことをできていない、本当にこのままでいいのかと心は不安定な状態。落語家になったら、収入は不安定になるが、なりたい自分には、なれている。心は安定する。「安定は不安定、不安定は安定」だ。

腑に落ちた。

そして落語家の道を目指すのだが、そこでも紆余曲折あり、ただいま、落語立川流の志らく一門で破門の門で立川志ら門という名で落語家として落ち着いている。

やっぱり、談志師匠に縁があるんだなぁということなのだろうか。

知られざる家元の名言「安定は不安定、不安定は安定」。

新潟は「落語立川流先進県」だった

立川《たてかわ》らく萬《まん》

「おーい、立川談志が死んだってよぉー！」

ある日、大学の食堂前の坂の上で落研の先輩が私に向かって叫んでいた。

二〇一一年十一月、冬の風に体が早くも馴染《なじ》んできたころである。当時の私は新潟大学に通う一年生。

「画面の向こうの人」が亡くなって初めて驚いた瞬間だった。

いま思えば落語立川流を意識するようになったのはここからではあるが、当時はまさか入門することになるとは思ってもみなかった。

新潟という地は当時にしていわゆる「落語後進県」からようやく一歩進んだという

ような状況であり、いっぽうでアマチュアで落語を演じている方は多くいたものの、県内の大学には落研と呼ばれる集団は新潟大学のほかになく、落語界の陸の孤島であった。都内の寄席に通うにも新幹線で往復四時間、それも貧乏学生には金銭的にハードルが高く、夜行バスで朝東京へ着き、一日寄席に詰めてはそのまま夜行バスに飛び乗って帰る、というのが〝生の落語〟を浴びる数少ない方法のひとつだった。都内各地の落語会はもちろん、当時ファンだった師匠志らくの落語会ですら行けず、CD、DVDで聴くのが関の山。半年に一度の寄席への旅行を楽しみに、褒められたものではないが動画サイトに上がっている落語を演者関係なくひたすらに聴き漁っているという学生時代だった。

幼少期から志ん生師の落語で育ったこともあり、「立川談志の落語」は十八歳の私には難しく、「なんでこんなに噺の途中で自分の解釈をお客に話したり、ともすれば脱線したりするのだろう」と不思議でならなかった。「落語」＝「お笑い」＝「笑いを取るもの」という図式の中にいた青二才には家元の魅力、面白みはとうてい分からなかった。せいぜい「画面の向こうにいるやたらに気難しそうな、でも落語が上手い人」程度の認識である。

あるとき先輩による『短命』のネタ見せがあった。模写が非常に上手く、志ん朝師をこよなく愛していた先輩だったが、このときのコピー元は家元のそれで、これがものすごく面白かったのだ。ウチへ帰って家元の音源を聴く。やはり面白い。ただここで私はその魅力には気がつかず、さんざん聴いたあげく私の頭に焼き付いたのは「下ネタって面白いんだなぁ」。馬鹿の発想である。そこから『家見舞』や『蛙茶番』なんかをひたすらに覚え始めるのだが、それはまた別の話。

翌年、新入部員が稽古をつけてほしいと頼んできた。ネタは『道灌』であった。初めてやるとは思えないぐらいちゃんとしていて面白い。聴いていて悔しくなるほどで、誰の音源で覚えたのかと尋ねると「よくわからなかったので立川談志師匠にしました」。よくわからないで選ぶような人じゃあないんだけどねと今は思うが、初めてここで「ひょっとしてすごい人がこの間亡くなったのでは」と気づいた。遅い、遅すぎる。が、十九歳の田舎者である。ひとつご容赦願いたい。

タイミングというものはあるもので、それから少しして談笑師匠の落語会が新潟で催された。『猫と金魚』に腹を抱え、帰りの電車でも思い出し笑いで涙が出た。矢継ぎ早に談春師匠の落語会も開かれた。お客さんの中に少しタイミングがずれて笑う方がいて、周りもそれが気になってしょうがないという空気で前半が終わった。どうなるんだろうと思っていると「笑えないかもしれないけどごめんね」と『鼠穴』を演る談春師匠を観て脳を焼かれた感覚がした。痺れた。結末を知っているのに息を呑む凄みに身が震えたのを覚えている。

「立川流ってすごいなぁ」と強く感じたのはまさにここからである。そして師匠志らくの出演する落語会が新潟で開催。トリの演目は『紺屋高尾』。ずっとずーっとDVDで観ていた、聴いていた師匠の〝生〟に感激のほかなく、すでに焼き切れている頭がはじき出した結果が「入門」だったのは言うまでもない。

それから八年後の今、修業を終えて新潟で落語会をやるようになり、コロナ明けでたくさんの方が来てくださっている。懇親会という名の飲み会でお客様から声をかけていただいた。

「俺は立川談志が好きでね、立川流応援してんだよ。頑張れよ」

嬉しかった。帰り際、握手をすると何かをぐっとつかまされた。掌を開いてみると一万円。礼を言う前にその方は消えていた。何と粋な方だろうか。岩室温泉に家元の田んぼがまだ残っており、家元が田植えに来たときに書いてもらったというサイン入りの扇子を私にくれた方もいた。

私が勝手に「落語後進県」と思っていた故郷は、じつは「落語立川流先進県」だったのではなかろうか。家元の因子は確実に今も新潟に根付いている。私もこうしてその流れの一端を担わせていただいている以上は立川流の〝凄み〟を感じさせられる芸人になりたいと強く思っている。

初めての曾孫弟子として

立川《たてかわ》かしめ

私、立川かしめは家元談志から見ると初の曾孫弟子にあたる。自分自身そうなることを狙っていたわけではなく、師匠であるこしらに入門した際に周りから言われて気がついた。

私が入門したのは二〇一五年の六月、家元が亡くなってから約四年後になる。そう、私が入門かなったときにはすでに家元はこの世にいなかった。そんな私が家元談志のことを語ってもどうにも薄っぺらな内容になるので、家元亡き後の立川流について私なりに感じたことを書きたいと思う。

まず驚くのが「立川」の名、亭号の力だ。家元を深くご存じの落語ファンの方はもちろん、そうでない方も「あ、あの談志さんの？」と、こんな若輩者でさえ一目おいてもらえる。サラリーマンを数年やっていた私からすると、さながら大企業の名刺をもらった感覚に近い感じだ。しかし、これはある一定の、だいたい私より年上の方の場合だ。私より下の世代になると、ガクッと認識率が下がる。これはあくまで私の推測に過ぎないが、接触メディアの推移がこれに大きく関係しているように思う。

少し前までは、メディアといえばテレビの一強、テレビに出ていることが知名度の上昇に直結したが今はそうではない。インターネットとスマートフォンの普及によるメディアの多様化、そして若年層のテレビ離れが騒がれ始めてからずいぶん経っている。かくいう三十代半ばの私ですら、テレビの前にいる時間は以前の半分以下になったと強く感じている。しかもテレビを見るときはリアルタイムではなく録画ばかりだ。

興味のあるものにターゲットを絞り、録画したりサイトを覗くようになったため、〝偶然〟新しいものに出会うことがずいぶん減った。それは指向性だけでなく、個人からの発信の簡易化がもたらしたコンテンツの過剰供給もまた、それを加速させている一因であると思う。このままでは絶対数で「立川」が埋もれていってしまう。そう感じることが多くなった。

少し話は逸れるが、落語界以外で「タテカワさん」と呼ばれる度、私自身は「どのタテカワさん？」と思うのだが、その人の知識の中で「タテカワ」は私だけ、なのだと最近気がついた。他に「タテカワ」の選択肢があるのならば、「タテカワさん」とは呼ばないのだ。家庭内では名字で呼び合わないのと同じことだ。

ここまでのことを踏まえ、分不相応なことは承知であえて大口を叩かせていただくと、我々〝次世代の立川流〟のあり方が今後の立川流の価値を決めていくのだと確信している。が、残念ながら現状、私自身はまったく貢献できていない。文字を打ちながら悔しい気持ちがあふれ出してくる。情けない。

もう〝立川談志〟の威を借る狐のままではいられない。そう、あらためて思います。自身で発信し、「立川」の名を広めていかないといけないのです。

そんな私、かしめはリアルの落語会だけでなく、認知度を高めるためインターネットでの配信を行なっています。かしめのＹｏｕＴｕｂｅチャンネルはふたつあります。『立川かしめチャンネル』は、私の落語を中心に、『落語家ch—かごくら—』は周りの落語家の方々との映像コンテンツを公開しています。またツイキャスでは日々の活動報告や雑談を行ない、お客様により身近にかしめを感じてもらえるよう心がけています。少しでも興味を持っていただけたならぜひ応援、チャンネル登録よろしくお願いします！

影響はいいが、真似をしてはいけない

立川只四楼《たてかわ・ただしろう》

二十五歳くらいのときに談志師匠の落語を聴きに行ったのですが、まったくよく分かりませんでした。それから三回行ったのですがさらに分かりませんでした。私には縁がないのかと思い、五年の月日が流れ、気づけば三十歳。

ある日、本屋に行くと談春師匠の『赤めだか』（扶桑社）が！　何気なく読んでみたら談志師匠の言葉がいろいろ書かれていて、それがすごく面白くて、あらためて談志師匠の独演会に行きました。

ショックでした。面白さに、こんな奥行きと怖さと教養とパーソナリティがあるとは。この日を境に談志信者に。『落語のピン』のＤＶＤを即買いして毎日観ていました。ＣＤやレコードや本、すべてチェック。どんどんハマっていきました。

そして事件が起きます。

それは談志プレミアムＣＤ演目の『やかん』。いつものようにマクラを話す談志師匠に恐れを知らない客が、

「やってよ」

「何をだ？」

「古典だよ」

「おめー帰れ！　帰れ、おめー！　金返してやれ！」

客席は静まり、音を立てたら殺されるような空気になり、この後、どうなるんだ？

落語をやる空気ではない。

すると静寂を切り裂くように談志師匠が。

「俺、あの野郎が帰ったら、帰るんじゃなかったたっていう芸やってやるからな！」

お客は拍手喝采。そして、怒濤の『やかん』を！　あんなに静まり返った客席がドカーンドカーン笑いの渦に。まさに緊張と緩和、狂気と熱気。本物の芸というのはこういうのをいうのか！

それからしばらくして立川流に入り、やがて二ツ目になり独演会をやることに。ドタキャンをした客がいたのでマクラで言ってやりました。

「ドタキャンした人がいるけど、行けばよかったって落語やるからな！」

しかし、セリフは忘れるはカミカミで大変なことに（笑）。

これを読んでる方へ。

影響されるのはいいが、真似をしたら駄目です（笑）。

芸に精進します。

師匠志の輔から学んだこと

立川志の大《たてかわ・しのだい》

師匠志の輔に入門を許されたのが二〇一六年三月。本書の企画についての知らせを受けてから、テーマは自由とのことなので何について書けばいいのか考えてみたけれど、談志師匠がお亡くなりになってしばらく経ってからの入門なので、家元のことについては残念ながら書けない。また修業期間中、一門の前座が私ひとりで師匠に付ききりの期間が長かったこともあり、立川流寄席で前座修業した経験がないので立川流のことについても書きようがない。よって唯一の材料である師匠志の輔の下での七年間の前座修業を通して学ばせていただいたことについて書こうと思う。

前座修業中は基本的には毎日師匠の元へ通い、身のまわりのことをする。運転手に鞄持ち、掃除、買い物はもとより、落語音源のデータ整理、ガーデニングに師匠が愛でるメダカの世話にと…落語会やメディア、旅先での仕事以外にもやることは少なくない。限られた時間の中で効率的に師匠の身のまわりのことをやりながらも「いったいどうすればより喜んでもらえるだろうか」と考えながら動くことが自然と身につく。師匠志の輔自身が修業中、談志師匠の下でしてきたように。そして師匠と同じ空間にいるうちに、前座のうちは師弟間の会話は決して多くはないが、不思議なことに何となく呼吸が合ってくるというか、間合いがわかってくるようになる。だからといって芸が上達するとは思わないけれど、師匠のそばにいるという緊張状態の中で俯瞰して物事を判断するという経験はいずれ何かの形で活きると思うし、それもひとつの修業の形と言われればそういうことなのかもしれない。

師匠ほど念入りに舞台チェックをする落語家はいないと思う。スタッフさんと弟子が作る舞台を下地に、照明と音響を開場前に細かく修正していく。ステージ全体の明かりが反射して二階席から観づらくないか。柔らかい音で客席を包み込むためにそれぞれのスピーカーのバランスは適切か。挙げればキリがないけれど、より良い空間を作るためにそこまでするかというくらい師匠は考える。

「落語ほど弱い芸能はない。だからこそお客様が集中できるための環境作り。後ろだろうが脇の座席だろうが誰ひとりとして置いてきぼりにしない」

師匠がつねづね言っていることのひとつ。お客様がロビーに入った時点でワクワクするような世界。本番中は客席が前のめりになるほどに引き込み、後口上でも幕が降り切るまで客席を沸かせ続ける総合的なエンターテインメント。すべてにおいて足元にも及ばない。二ツ目に昇進したばかりの自分の活動に直に活かせるわけではないけれども、入門時から師匠のやり方をそばで学ばせていただいたことは貴重な財産だ。

初高座が三百人のお客様の前で、その次が千三百人と、つねに満席のお客様の前で落語をできるという恵まれ過ぎた、ある種異常な環境で修業をさせていただいた。他方で、小規模な会場での落語会の経験に絶対的に乏しく、いろんな面でこれからは今までとはひと味もふた味も違う苦労をすると思う。マクラを振ること、長講ネタ数を増やすこと、お客様とのキャッチボール。本書が出版されるのが約四か月後の家元の命日。短期間ではあるが自分自身がどこまでレベルアップできているのか、楽しみでもある。師匠の下で学ばせていただいたことを活かし「わざわざ足を運んで来た甲斐があったな」とお客様に満足いただけるよう頑張る。

立川流のイズムに背中を叩かれて

立川志らぴー《たてかわ・しらぴー》

「わわっ、どうしよう」

と、私が困ってしまったというのは、手元にある「原稿ご執筆のお願い」という書類に「立川流四十周年記念本『シン・談志が死んだ』の出版にあたり、落語のあり方や立川流について貴君にもご寄稿願いたい」と書いてあるからだ。

そんなご無体な。私はこの原稿を書いている二〇二三年にようやく二ツ目になったばかりで、「シン」なんてタイトルの本に落語のあり方や立川流についてご寄稿するどころじゃない。落語のあり方の前に自分自身のあり方をどうすりゃいいのか悩み、はてさて「君たちはどう生きるか」と足りない頭で考えすぎた結果、ついには心が溶けてしまって、今ではただ茫々と空を見上げ続けるような日々を送っているのだ。その程度の男が「落語とは、立川流とはこうだ！」とふんぞり返って書けば「調子に乗るな」「阿呆」「馬鹿」「陰金田虫」「チンケイトウ」「カンチョウレイ」等々の誹《そし》りは免れない。それは嫌だ。

しかし、こうして話を振られたからには少なくとも七、八年は舞台に出てる落語家として何か書かねばなるまいし、分ける米が分米で分けねぇ米がやるまいだし……この板挟み、ひぃ！　助けてくれェー！　嗚呼、何故《なにゆえ》にかような災難、禍事が我が身に降りかかってくるのだろうか……。


そもそも、私が落語を聴くようになったのは二〇一二年頃で、生前の立川談志の高座には間に合っていない。生まれと育ちが町田だから近くで家元の落語会もあったはずで、それこそ、町田市民ホールでの伝説の『居残り佐平次』や麻生市民館の立川談志最後の高座なんかを聴くチャンスがあったはずだが、私はそのチャンスに気がつくこともなくのんべんだらりとロック音楽なんぞを聴いて育ってきた人間なのだ。

それでも、虎は死んで皮を残すじゃないけれど、家元が遺してくださった多くの音源や文章は、後追いで落語を聴き始めた私にその奥深さを、そして立川流の寄席という拠りどころを持たないがゆえのインディペンデントで力強いイズムを教えてくれた。

そして、そのイズムを引き継ぐ立川流の落語に魅せられて、ついには立川流の落語家になってしまった今現在でも、家元の遺したものは道標となって多くのことを教えてくれている。

一方、音源や文章になっていない家元の姿は、私の師匠である志らくをはじめ直弟子の師匠方、諸先輩方のお話からしか知ることができない。そんな貴重なお話がたくさん収録された本の新装版が出版されて、しかもその中に私も名前を残すことができるとは、嗚呼何たる僥倖《ぎょうこう》、二ツ目昇進が立川流四十周年に間に合った私の運の良さ……あれ、言うことが変わってきたなぁ。まぁ、落語家だからちょっとはいい加減でも許されるはず。良いこともあれば悪いこともあるのが人生ということでご容赦ください……なんて言っても、私は人生を語れるほどの立派な落語家じゃない。ただ、まだ何者でもない私にも、いつかは自分の惚れた師匠である立川志らくに認められるような落語家になってみたいなんて欲心があり、そんな風に「何者かになりたい」と思ってしまうのは、やっぱり私が今でも立川流のイズムに背中を叩かれているからかしらんと空を見上げながら考える日々を今日も過ごしています。

師匠の間違えに気づいた師匠

立川談洲《たてかわ・だんす》

「俺の凄いところは、師匠の間違《まちげ》えに気づいたことだ」

かつて家元が言ったそうだ。自らの師匠が絶対である落語界において、立川談志がいかに常識にとらわれない人間であり、破天荒であったのかが垣間見える。そしてそれは弟子に対しても。当時、弟子たちに言い渡された無理難題の数々は、今もなおマクラという名の遺産として各々のもとに残っている。

しかし私の師匠である立川談笑は、そんな談志の元で育った直弟子にもかかわらず、自らの弟子に無理難題を言ったことは一度もない。それどころか、つねに合理性のある優しさにあふれ、弟子ひとりひとりの尊厳をないがしろにするようなことは決してしない。

……すると、こう言った人がいた。

「談笑師匠は、談志師匠とはずいぶんと違いますよね」

「師弟とは言え、人柄は似ていませんね」

一見するとそう映るのかもしれない。だがある時、談笑がニヤリと言っていたのを私は覚えている。

「俺もね、師匠の間違えに気づいたんだよ」

立川流という生態系

立川琉四楼《たてかわ・りゅうしろう》

師匠談四楼の門戸を叩いて飛び込んだこの世界。落語立川流。大師匠・家元談志が源流となり、そこから派生して生まれた直弟子である師匠方とそこからまた枝分かれした孫弟子世代の真打・二ツ目のそれぞれが一本の川となって独立し、その先にある海で混ざり合いながら共存しているような、そんな自然界の繋がりに似た構図がここにはあるように思います。

それぞれの中に脈々と受け継がれてきた家元の意志。それが世間という名の大海に流れ出ることで今日も回り続けている立川流のサイクル。その生態系の一部として今、自らも立川という亭号を名乗り、一門の定紋である左三蓋松を身に纏《まと》って活動を行なえていることに誇りを感じると同時にその責任と意義をあらためて見つめ直し、ここにいる意味を日々模索しながら、自らに与えられた流路を曲がりなりにも信念をもって真っ直ぐ流れていきたいと思う。そしていつの日か、ここ立川流から落語を通じて自らの業《ごう》も肯定できる日が訪れることを信じて。

中締め

世間に開かれた「窓口」をもて

野末陳平《のずえ・ちんぺい》

「ここから新スタートだ」

立川流家元・立川談志さんとは晩年の親友と自他ともに認めるチンペイ老だが、毎日一度は電話で雑談していた。その一部がMXテレビの『談志・陳平の言いたい放だい』で生かされていたわけだが、談志さんが他界してからもう十余年、今にして思えば世話になったのはむしろぼくのほうで、談志さんのおかげでぼくは今もって立川流の師匠たちやお弟子さんたちと交遊が続いてる。じつにありがたい話だ。

談志さんは晩年、ぼくに何度かこんなことをつぶやいていた。

「談志の名前は誰にも継がせない。立川談志はオレ一代で終わりでいい」

ぼくはちょっと驚いて、

「普通は、これだけのビッグな名前、誰か後継者を用意するんじゃないのか」

談志さんいわく、

「そんな必要はない。立川談志はオレひとりだ。オレしかいない、それでいいんだ、談志は」

これ以上突っ込んだ具体的な話はまったくしてないが、立川談志の名跡を継ぐ人は今後とも現われるはずがない。

その談志さんが創設した「落語立川流」も気がつけば四十周年。もはや談志さんの名に頼らず、独立した落語立川流の新しい形を模索、創造していく時代になった。立川流はこれから、亡き談志さんの意を汲んで社会的責任を果たしていかなければならない、それが四十周年の新スタートでなくてはならない、とぼくは期待する。

ぼくが親しい立川流の落語家は、志の輔、談春、志らくの三高弟はじめ、談笑、生志などイキのいい師匠たちであるが、孫弟子の志らら、晴の輔、らく次、小春志などとも雑談ランチをともにする機会が多く、彼らの落語会にもたまに顔を出す。いわば身内的なつきあいが続いているが、もちろんこれも家元談志さんあっての交流である。

「しかし立川流は〝御三家〟はもとより万全の存在であるとしても、若手たちは今後どうやって立川流を継承発展させていくんだろう。願わくは誰も仕事が安定的に続き、それぞれが自分の芸を磨いて大成するのかもしれないが、果して順調にそうなるのか。いや、仕事そのものが前途洋々なのかい」

こんな声もたまにきく。ぼくもそこが少し心配なのだ。

「いやいや、噺家ってのは根性があるから、みんな何とかやっていくのでは？」

という見方もあり、これまではこんな感じで何とか立川流も続いてきたが、四十周年を迎えた今、これからも何となく談志さんの名前にオンブして、悪くいえば惰性で流れていっていいのだろうか。

チン老人の不満のひとつは、落語立川流には世間に開かれた「窓口」ってものがない。ここが弱点だ。息子の松岡慎太郎さんの「談志役場」は立川談志の著作権肖像権などを管理するのが本業で、それが談志役場の使命だから、立川流の若手落語家たちを保護育成し、営業などをアレンジするのは談志役場の仕事ではない。落語立川流は独自で世間と交流交渉し、他流派とも交わりをもつ独自の窓口をもったほうがいい。それがここまで大きくなった実力派・落語立川流の社会的責任だと思うのである。

「それだけの実力と資格のある一門なんだ、落語立川流は」

これに異議をとなえる談志門下の落語家がいるだろうか。〝否〟とぼくは確信するのだが……。

世間に開かれた窓口とはどういう形のものか、といえば、落語協会、落語芸術協会のような社団法人化もひとつの形である。事務局も必要だし、全国各地からの営業依頼を受ける係も必要だ。面倒なようだが、これをもたなければ、世間に通じる窓口とはならない。これを面倒と思うなら今後とも一歩も前に進めないから、ここで誰かが汗をかかねばならないのではないか。

法人化への具体的手法については、ぼくは無知だが、四十年の実績をもつ立川流にできないはずがない。何人かが集まって手続きを一歩一歩進めてくれればできる。芸協や落協がやっているのだから、立川流にできぬわけがあるまい。寄席に出たいわけでなく、独自の営業ネットワークを、全国に向けて立川流の落語を発信するのだから、ここは欲と道連れで前進してほしいとぼくは勝手に思うのだが……。

「なあに、立川流は実力者揃いだから、それぞれ独立の一派で何とかやっていけるよ。現に今そうでしょう。ここで無理に法人化なんて面倒くさい構想は不必要だよ」

と諸兄がそう思うなら、ぼくのおせっかいは取り下げるが、

「それも一案だ。時代が大変革していく中で、ここらで立川流も一

丸となって全国にアピールしてもいいのでは？」

という前向きの声が多ければ、ぼくも協力を惜しまない。すべては立川を名のるすべての噺家さんたちの判断に任せよう。もはや年寄りの出る幕ではない。

ぼくはもうじき九十二歳だから、みなさんのお役にはもう立てないだろう。四十周年を機にせめて期待するのは、落語立川流のさらなる飛躍である。そうなってこそ、亡き立川談志さんも喜ぶだろうし、それが家元立川談志へのご恩返しでもある。

諸兄の奮闘を祈るのみ。

立川流ファンの皆さま、今後とも立川流への応援よろしくお願いします。

〝流〟ってんだから、今までのことは水に流しちまえよ

毒蝮三太夫《どくまむし・さんだゆう》

立川談志。嫌味な奴だったねぇ〜。

落語の天才で革命家。才気煥発で博覧強記、カリスマ性もあった。シャレのわかる奴とわからない奴をはっきりと切り分けていたし、つまらねぇと思ったら一刀両断だもんな。

だから、ものすごく心酔する人がいるいっぽうで、思い切り毛嫌いする人も多かった。

ただ、そんな嫌味の行間に、優しさや思いやりが散りばめられていて、その良さが、モグラ叩きのモグラのようにちょくちょく顔を出すような奴だった。近くにいた人間は、オレならずともそのこと

を知っているはずだ。

談志があっちへ行っちまってから十二年か。今年は十三回忌だもんな。この間、オレは談志を思い出さない日はないし、ことあるごとに、あいつのことを話題にしてるよ。だから、談志はいつもオレの胸のこのあたりにいるんだよ。

永六輔さんが生前よく言ってたっけ。「人にはふたつの死があるんだよ。最初の死は肉体的な死で、もうひとつの死は、人々から忘れ去られて話題にならなくなったときの死なんだよ」とね。

談志はね、憎らしいけど、没後何年経っても死なないんだよ。しぶといね。

古今東西の有名人だって、なかなかこんな例はないと思うよ。だから、生前以上に、談志のことを、〝すげえな〟と思うことがこのごろよくある。

まぁ、なんてったって、〝毒蝮三太夫の生みの親〟だしな。名伯楽、名プロデューサーだったとも言えるね。最初は嫌でしょうがなかったこの名前が、オレのもとに、いろんな仕事や出会いを呼び寄せて、今でも現役でやらせてもらってるんだから、ありがてぇよ。

でも、〝生みの親〟が談志なら、ここまで毒蝮を偉大にした〝育ての親〟はこのオレ自身だからな、ハハハ。


談志とオレの出会いは、あいつが談志になる前、二ツ目の柳家小ゑんの時よ。柳家小ゑんと言えば、当時、作家で稀代の演芸評論家だった安藤鶴夫さんもすごいと認めていたくらいの奴だからね。

オレの劇団山王の時の仲間、俳優の小林勝彦（当時は本名の小林陽一）が、若手落語家をたくさん知ってて、落語好きのオレは小林に誰か紹介してくれと頼んだんだ。

それで、あるとき、第一生命ホールだったと思うんだけど、楽屋で紹介してもらったんだ。

それが、二ツ目のふたり、柳家小ゑん（談志）と当時の桂木久助。木久助は後の七代目春風亭柳橋さんだよ。小ゑんは初対面のとき、嫌な奴だと思ったねぇ。ベレー帽かぶってマンボズボンに赤いジャンパー。生意気そうでスカしやがって、〝こいつ本当に落語家かよ〟って思ったな。だから、オレは木久助と知り合いになりたいと思ったんだよ。

　ところが、それから二、三か月過ぎたのかな。あるとき、オレは大学の帰り、池袋から山手線に乗って座ってたら、新宿で乗ってきた男がオレの前に立ったんだよ。トンビという粋なコートを着ていて、顔を見たら小ゑんだったんだ。末廣亭の帰りだったらしい。

　着物にトンビという落語家らしいきちんとした出立ちで、ちょっと見直したんだ。

　そのときにあいつが、「こないだ紹介された石井さんですよね」と話しかけてきた。

　じつは、談志、オレのことを映画を見て知っていたらしいんだ。丸山誠治監督の『二人だけの橋』で久保明と水野久美の仲を取り持つ河村という役をオレが演じていたんだけど、それを見ていたらしい。

　帰路は、オレが五反田で池上線乗り換え、小ゑんは目蒲線（現・

目黒線と多摩川線）乗り換えだったんで、「ちょっとのせて（食べて）いこう！」ということになって、目黒で降りて、駅前の中華料理屋に入ったんだ。

そのとき、あいつが、「餃子七皿食ったら、オレがおごる」というんだよ。

オレは「そんなのわけねぇや」と思ってペロリと食べた。焼きそばも食ったかな。そうしたら、驚いたけどおごってくれたよ。それからなんだ、小ゑん時代の談志とオレの付き合いが始まったのは。

オレは学校の行き帰り、新宿は通り道だから、小ゑんが出ている寄席にもよく木戸銭なしで入れてもらったな。いろんなところへ遊びにも行ったし、お互いの家にもよく行った。

こんなこともあったな。夏休みに、オレは劇団山王の仲間五、六人と鎌倉の由比ガ浜に海水浴に行ったんだ。小ゑんは、その日、横浜の相鉄演芸場に出てるっていうんで、「帰りに寄れよ」と言って、オレたちを招待してくれたんだ。一番前の席だぜ。

あの時は、『芝浜』だったか『鼠穴』だったか人情噺をやってくれたんだよ。

これが絶品、舌を巻くほど上手い落語だった。こんなにうまい奴がいるのかってくらいびっくりしたんだよ。その実力に魅せられたな。

でもさ、海水浴帰りだし、場内のクーラーがよく効いてて気持ちがいいもんだから、全員で寝ちまったんだ、ハハハ。気合い入れて、最高の噺を聴かせてやるぜってもんなのに、目の前でそろって寝られちゃ、そりゃ怒るわな。

終わった後にあいつに言われたよ。「オレの前でみんなで寝るなよ」って。

だから、オレは「寝るくらい気持ちのいい落語だった」って返したんだ、ハハハ。

その後もいろんなことがあったよ。お互いに所帯を持ったし、談志は一時期、国会議員にまでなったよな。オレは、毒蝮でラジオ中継の人気者になったしな。

冒頭で、談志は優しさと思いやりのある奴だと言ったけど、こんなこともあったな。

東宝の俳優で井上大助という奴がいたんだ。あいつとオレと同い年で仲良しだったたんだ。

彼は『山のかなたに』という青春映画で、名子役として知られて、その後も東宝で、森繁さんの「社長シリーズ」なんかにも出てたんだけど、結局、鳴かず飛ばずで大部屋俳優になっちまった。

そんな男が、一九七七年に亡くなったんだ。もちろん新聞記事にもならないし、誰の口の端にも上らないよ。そのとき、談志が「お線香をあげにいこう」と言ったんだ。

小さなアパートでな、誰が面倒見ていたのかもわからねぇ感じだった。談志はそんな奴にも心を尽す奴なんだ。談志が声をかけてくれなきゃ、オレは行かなかったかもな。

それから、二〇〇五年の話だが、談志とオレを結びつけてくれた、小林勝彦（陽一）が入院して、もう危ねぇっていうんで、ふたりでお見舞いに行ったんだ。六人くらいの大部屋だったかな。談志が陽一に「お前、オレにやって欲しいことはないか」って聞くんだよ。そうしたら陽一は「落語をやってくれ」と言ったんだ。

談志は、陽一の耳元で、ささやくように噺を始めたんだよ。何の落語だったかはまったく覚えていないんだけど、一席終わったら、病室のほかの患者から大拍手だよ。みんな、耳をそば立てて聴いていたんだな。なんか、映画のワンシーンみたいだったよ。その後、一か月くらいで陽一は亡くなったんだ。

談志は、葬儀で「奉納落語」もよくやっていた。あるときは、オレの劇団山王の友人で石間武という工務店の息子の親父の葬式でも一席やったんだ。石間工務店ってぇのは、石原裕次郎邸や池上本門寺も建てたり、後にオレの今の小豪邸?も建ててくれた有名な工務店なんだ。

石間家の喪主が親父の前で落語をやってほしいとオレに云うんだ。それを談志に伝えたら、あいつは「いいよ」と言って親父さんの棺の前で一席やったんだ。すげぇよ。何をやったんだかオレは覚えていないが、『死神』でもやったのかな、ハハハ。

そんなエピソードはいくらでもあるんだけど、オレが言いたいのは、談志は本当に優しい、思いやりのある、人情の厚いやつだったなということだよ。


人情は厚いけど、金にはセコかったな、ハハハ。

ある時、ふたりで由比ガ浜へ海水浴に行った。そのときの笑っちゃう話があるんだよ。

談志はもったいないと言って、海の家をケチって、ふたりで裏で着替えたんだ。その荷物を風呂敷に包んだ。そして、なんと砂浜にいた女の子たちに「すみません、これちょっと見ててください」と頼んで、そのまま海へGO。沖のブイにつかまって三時間くらいふたりで話をしたり楽しんでたんだ。戻ったら、女の子たちカンカンだよ。当たり前だ。

また、その帰り、佐島マリーナで魚のバーベキューを食ったんだ。一番安いの頼んだら美味かった。で、何の魚か店の人に聞いたら、イワシだった。それって、多分、油壺マリンパークのイルカとかにやるエサじゃねぇか、ハハハ。そんなエピソードも数々だよ。

でも、談志は「オレはケチじゃない、ゼイタクをしないのがオレのゼイタクなんだ」とよく言ってたな。


そんなふうに、偶然の出会いから半世紀以上、エピソードなんて数え上げたら、馬に食わせるどころじゃねぇ膨大さだ。今でもたまに、談志の年譜とにらめっこしていると、オレの人生も次々とあぶり出されてくる感じがするよ。年がら年じゅうつるんでたわけじゃないけど、〝これ〟っていうときには、いつも談志が隣にいてくれた。

オレの人生の節目節目に、談志の人生がつづれおりのように絡んできて、お互いに人生を面白く紡ぎあった感じがするな。

まぁ、そのあたりは、あいつの『談志受け咄』（中公文庫）やオレの『たぬきババアとゴリおやじ』（Ｇａｋｋｅｎ）でも触れているから、ぜひ読んでくれ。

おっと、申し訳ねぇ。この原稿のメインテーマは、〝立川流の未来〟だったな。

弟子の諸君やゆかりの人たちが、真面目に、いろいろといい話を書いてくれるんだろ。知性あふれるオレだって、いくらでもいいことを書けば書けるんだけどな。

「それじゃ、面白くねぇ。マムシが書く意味がねぇ」と談志に言われそうだから、茶化しとくことにしよう。いい話を全部、〝おじゃん〟にしちまうか、てなもんだ、ハハハ。

〝立川流の未来〟についてだが、オレは三つの道があると思った。

ひとつ目は、立川流で寄席を作ることだよ。だって、諸君は上がる高座が少ないじゃないか。せっかく名だたる噺家ぞろいなんだから、遠慮しないで、自分たちの出ていけるホームグラウンドを作って、もっと高座に上がる機会を作らないとダメだぜ。上野池之端に〝不忍亭〟ならぬ、「談志を忍ぶ（偲ぶ）亭」っていうのを作るのはどうだい。

ふたつ目は、落語協会や落語芸術協会に戻って、ジャンジャン高座に上がるってことだな。まぁ、これは両協会の都合もあるだろうし、あまり現実味がないか。

そして、三つ目は、〝立川流解散〟だよ、ハハハ。

で、結論から言うと、三つ目の解散がいいんじゃねぇか？

家元の意見も聞かないといけねぇからと思って、この前、オレは青森に行って、知り合いのイタコに、談志を呼んでもらったよ。バカ、そんなわけねぇだろ、ハハハ。

でもね、あいつが言いたいことは、イタコに呼んでもらわなくたって、多分こうだろうっていうのが、容易に想像がつく。

「いつまでも立川流にこだわってないで、それぞれが適当にやれ」って言ってるよ。

立川談志の弟子たちはみんな、今や飛ぶ鳥を落とすような奴がいっぱいいるじゃねぇか。

みんな立川の名跡を冠してるんだから、立川流の〝流〟は、〝流しちまえ〟よ。

「談志はオレで打ち止め。それぞれの名前ででっかくなれよ」

そう言ってるんじゃねえかな。

〝流〟ってくらいだから、今までのことも全部、水に流しちまえばいいんだよ。何しろ彼は飽きっぽかった。いや物事にあまり執着しない、さっぱりした江戸っ子だった。

「落語なんざ、家元がいるかいないか　それが問題だ」と談志が色紙に書いてたことがあったが、どこの世界でも○○流なんて、ろくなもんじゃねえ、家元がいて、上納金取って……。

あぁ、そうか、あいつが立川流を作ったのも、談志らしいアイロニーだったのかもしれねぇな、ハハハ。

談志は嘘が嫌いだった。色紙にも「火の用心 マッチ一本、火事のもと」とか「銭湯は裏切らない」とか書いてたな。「何が悪いんだ。本当のことを書いただけだ」ってよ。

あるときなんか、ウチのカミさんに捧げると、立派な木札に「く

りちゃん（カミさんの愛称）はえらい」なんて書いて落款まで捺しやがった。オレがいろいろカミさんに面倒かけてたころに、あいつがよく、ウチのカミさんに言ってた言葉だよ、ハハハ。

こうやって、いろんなことを思い出していると、やっぱり談志に会いてぇな。

でも、まぁ、当分いいや。面倒くせえからな。頼むからまだ迎えに来るなよ。

談志にしたって、あっちでお座敷が多くて、「そっちの奴らのことなんか気にしてる暇はねえよ」ってなもんだろう。

だから、その分、こっちの人たちに、談志の素晴らしさを、嫌味なエピソードもまぶしつつ語り継いでいくよ。

「こんなとき、談志だったらこう言うね」ってなことも、あれこれと言いまくっといてやるよ。そんなオレのことをあっちから見て、「マムシはエライ！」と言ってくれるかな。

「高田のバーカ」

高田文夫《たかだ・ふみお》

立川談志、松岡克由、立川雲黒斎家元勝手居士……どれが実体、実像なのだろう。

亡くなって十二年、今年ァ十三回忌だという。落語立川流も結成四十周年だとかで「何か書いて」とシンちゃん（息子・松岡慎太郎）が根津の夕間暮れにそっと言う。じつは私はこの四十年の前の三十年間のほうに、師匠にはグッと濃い思い入れがあるのだ。

私が大学生時代通いつめた新宿紀伊國屋ホールでの「ひとり会」の数々。素人の私に『居残り佐平次』を教えてくれた親切心。昭和四十五年、人形町末廣の最期を一緒に看取った夜。人生初めての選挙に「立川談志」と書かされた日。私の二十代は談志のことで頭がいっぱいだ。今の五十代の男の子たちが若き日『ビートたけしのオールナイトニッポン』を聴き、その一週間〝たけしと高田〟のことで頭がいっぱい、いっぱいだったあれと同じ十年間の状況で、若き日の私は談志で破裂しそうだった。

立川流結成前後、そのいきさつなどは他の人が書くだろうから、この四十年を私が思いつくまま断片的にメモ的に書き記していくのをお許しください。年月日はあとから資料で照らし合わせて下さい(不精な芸だな)。

たぶん一九八三年、落語協会を脱退、「立川流」結成。「師匠である小さんと喧嘩するとはもってのほか。談志は許せない」と、マスコミはさんざん言う。私はボロクソに書いたスポーツ紙記者を数人知っている。談志落ち込む。暗くなっていると噂が飛び交う。人生最大のピンチ。ひきこもった。このころ私は『たけしのANN』を大当たりさせ『オレたちひょうきん族』を書いたりと時代の寵児だったので「ここが忠義の見せどころ」と悪友ビートたけしを誘い「入門します。弟子にしてください」。このトンチのきいた私の行動でガラリッ状況は変わり、談志は秋葉原の電気街のように明るくなった。あれほどボロクソに叩いていたマスコミも、たけしと私が弟子だとなったら手の平を返して「やっぱり談志は正しい。新しい風が吹いた」など大絶賛。その代わりたけしは稽古する時間もないから私が鬼のようにネタを覚え　何しろ面白い噺を作りあげた。私の噺も面白いはずで、立川藤志楼には日本一のギャグ作家高田文夫が座付きで付いていたのだ。クスグリ（今のジョーク、ギャグ）はぶっちぎりだった。

私は以前見た談志のように紀伊國屋ホールでまる十年間独演会を開いた。今マスコミがよく使うコピー「最もチケットのとれない○○の会」のはしりが私の会のコピーである。私の会はプラチナなんて生やさしいものでなく、ふらちなチケットになった。「立川藤志楼VS高田文夫　ひとり時間差落語会」は春の新宿の風物詩となった。企画は山藤章二である。

八四年談春、八五年志らくが入門してきた。

そのころ　私は談志に呼ばれ「オレももう歳だ。若い奴のことが分からなくなった。以前はアンツルだ（安藤鶴夫）、エイロクだ（永六輔）、私だといろいろものの分かる人間が居たんだが、もう〝芸の規準〟が分からなくなった。これからは高田の目と耳を〝東京の芸の規準〟としよう。いい若いのも入ってきた。噺家とつきあうとバカになるから、談春と志らくをお前のそばに置いていろいろ世間とかマスコミというものを教えてやってくれ。他のジャンルを教えてやってくれ」。

このひと言で私は私を慕ってくる若い連中を集め「関東高田組」を結成。これは「たけし軍団」「立川流」へのリスペクトを込めての「組」である。そして何より押し寄せてくる関西の「吉本興業」への対策でもあった。談春＆志らく（立川ボーイズ）、浅草キッド、大川興業（江頭2：50）、松村邦洋、春風亭昇太　桂竹丸ら、ものすごい数の出世前の男たちが集った。ＰＡＲＣＯが付いて全国ツアーもやった。

八八年、立川流Bコースの第一号として立川藤志楼真打昇進。有楽町朝日ホール。みごとな披露目とみごとな芸にマスコミ大興奮。口上に並んでくれたのが、談志、たけし、上岡龍太郎、景山民夫、毒蝮三太夫、山本晋也、内田春菊らズラズラーリ。

披露興行やら披露パーティーやらマスコミ対応やらさまざまな会へのゲスト出演。その隙間をぬって本業の放送作家の仕事も人一倍やっていた。

案の定ダウン。この年の暮れ倒れる（闘病第一弾。まさか二〇一二年に第二弾。心肺停止八時間、ICUに三か月なんてとんでもない記録になるとは露知らず）。入院中だったので「平成」になったこともよく知らずボンヤリ。すべてこの仕事をやめようと思った四十歳。敬愛する青島幸男や永六輔から「放送作家なんて商売は四十までだよ。四十面、五十面下げて若いディレクターにぺこぺこなんかみっともなくてしてられっかっての。四十になったら小説家か政治家かラジオパーソナリティ。自分を出すにはこれっきゃないって」といつも言われてた。

思えば青島も永も巨泉もマエタケもみーんなそうだ。人生三択。ボンヤリしていた二月、ニッポン放送の偉い人がふたり来て「もうさんざん、若い人を楽しませたからいいでしょ。どうです、のんびり昼間、大人向けに朗らかな放送をやったら？　一週間、高田さんのためなら空けますから。昼に生があれば今までみたいに朝まで飲む心配もないし」。

この優しいひと言ですぐに四月から『高田文夫のラジオビバリー昼ズ』が始まった。以来三十六年…七十五歳でまだ喋《しゃべ》っている。

生放送だからって何を言ってもいいわけじゃない。三十六年間で放送禁止用語を言って嬉しそうに帰って行ったのはふたりだけ。

永六輔と立川談志である。

永はいつでもすぐに飛び出して帰れるようにカバンを自分の足許に置き、本番前、私に「私をいじめたらすぐに帰りますよ」と言っておきながらQが出ると開口一番「お○んこ！」。

コラコラコラ、おとなげがなさすぎるだろ。「高田クンの放送人としての処理能力をみようと思って」だと。談志師匠は普通に会話中、四文字を差し込んで来た。「少しゃこれで高田もおとなしくなるだろう」だと。


いろんなことがあった。『中洲通信』という博多だけで読まれている雑誌。談志のことなどきかれ、シャレと愛情を込め、そのまま活字になるとも知らず「きびしいけど……やっぱり可愛いとこもあるんですよ。奴さんも」とユーモアで言ったらそのまま雑誌に載り、おせっかいな野郎がそれを探してわざわざ師匠に見せた。カーッとなった師匠、すぐに私に電話をしてきて「この野郎　ひとを奴よばわりしやがって、ただで済むと思うなよこの野郎」「どうすればいいんですか　破門ですか？」「ウ〜ッ（しばし考える時間があって）上ロース三枚と現金三十万、すぐに持って来い」。

意味が分からない。「夫婦で食べるんなら上ロース二枚でいいでしょ」「ウ〜ッ、シンちゃんにも食べさせたい」だと。私はすぐに志の輔に電話して「何でもいいからすぐ三十万用意しろ。オレが上ロース三枚調達するから」。ほとんどみんなわけが分からない。志の輔はいい奴だから「三十万ないと、高田さん破門なんでしょ。だけど……なんでオレの三十万なんだろう」。耳を揃えて持って来た。龍角散は置いてきた。

九八年か。談志は六十二歳。私は五十歳を迎えた。ニッポン放送が企画して「祝五十歳・文夫クン祭り」を新宿シアターアップルで……即完。一夜はバンドを組み私は軽いお喋りと歌。バンドメンバーは小野ヤスシ、ミッキーカーチス、なぎら健壱、三宅裕司という夢のオールスター。こちらはおだやかに済んだがもう一夜の「高田名人芸」が波乱含み。寄席の出番順が浅草キッド、松村邦洋、春風亭昇太に立川談志。たしかここで仲入りとなり、いきなり漫才「世界の北野」と「日本の高田」。この会のトリをとらされたのが春風亭小朝。当人後日談「生きた心地がしなかった」。

豪華な打ち上げ中、談志がいきなり「中野へ行こう。早く用意しろ。『演歌』って店だ。なつメロを歌え！」。一同タクシーに分散して慌てて乗って、状況が分からない松村は談志が乗ってる車へ入っていった。「おいっ早くしろ」「ハイ」。たけしが乗り込んできた。談志とたけしにはさまれて新宿から中野。松村も「生きた心地がしなかった」と言った。若手は店の入り口で全員直立不動。いきなり談志とたけしがフルチンでソファに乗って歌い出した。それをゲラゲラ笑って見ている私。小朝は片膝を立て、ホストクラブのように汗だくで水割りを作っていた。いいシーンだ。

いろんなことがありすぎた。「談志珍品堂」（谷中）なんてのもプロデュースした。「談志五夜」で四日目出たくないと言い朝まで『美弥』で飲んでいたら「勘九郎、歌舞伎座出番済んだらこっち来い」。高田、夕方たけし連れて来い」。例のバイク事故のあとでまだ一切マスコミに出てない時である。私のデスクには国立の舞台に並ぶ勘九郎、たけし、私の弱った顔と満面の笑みの談志の写真が厄除

全

復活の記者会見。

喉の調子が悪くしばらく休養していたあと、

けで飾ってある。

マスコミ注目。

さあ何を言うのだろうと固唾《かたず》を飲んだ第一声。

「高田のバーカ」

そういう師匠なのである。

第三部　家元談志、かく語りき

上納金のわけ

こちとらの気持ちとしては、金でも取りゃ、いくらか勉強もし、動き出すだろう、と思ってやったことだ。金を取られて苦しくなれば、旦那《おだん》をとりまくとか、仕事を探してくるとか、何か動き出すに違いない。この〝動く〟ということが大切なので、動いたために月々の払いをしても余るという風になれば結構なことだし、彼らが売れてくれれば、俺の方から金を払ってやる。

「談志さんは、あの有名な立川談チロリンさんの師匠なんですってネ」

こう、いわれたいものである。

このことを発表したら、これを聞いた連中のなかには、

「ビヒャー、落語家が弟子から金をとるそうだ。世も末だァー」

と、言語道断の仕打ちのようにいい、

「何で弟子からお金をとるんですか」

とテレビ局のマイクが次から次へと私の前に突き出された。

「その質問を、千宗室《せんそうしつ》のところにもっていけヨ。花柳寿輔《はなやぎじゅすけ》のところに、池坊専永《いけのぼうせんえい》のところに。〝何故《なぜ》お茶を、踊りを、生け花を教えて月謝を取ってんですかァ〟って……」

と反対に質問してやった。

一般的に考えて、〝世の中モノを教えて金を取らない〟となりゃ、どこかこれには訳があり、何か裏がありそうだ、と考えるのが当たり前なのに、落語界に対しては、まったくそんな考え方をしようともしないテレビ局とレポーターの毎度ながらの馬鹿さ加減。


『立川談志遺言大全集11』

いっそ宗教にしちまおう

落語を覚えようとしないのも無理はない。無理に教えて落語の数を増やして、そこ〳〵の芸が出来上がっても何の評価の対象にもならない。となると、師匠の私は、ただのライセンス屋であり、文字通り立川流の家元で、ライセンス料だけで弟子に対していればいいわけである。

ならいっそ、〝宗教にしてしまおうか〟と思いついた。笑いの宗教、人間の業《ごう》の肯定なんざァ、仏教に似ている。宗教法人にすれば、税金も安くなる。お経なんざァ、〝イロハニホヘト……〟で済み、足らなければ〝沖の暗いのに白帆がみえる……〟であり、極めつけは、〝金魚ォ〳〵……〟である。

『黄金餅』を知らない読者に談志教のお経を書いておこう。

「金魚ォ〳〵三《み》ィ金魚ォ、ハナの金魚ォいい金魚、なかの金魚ォセコ金魚、アトの金魚は出目金魚。天神々々三《み》ィ天神、ハナの天神いい天神、なかの天神セコ天神、アトの天神鼻っ欠け、虎が鳴く〳〵。虎が鳴いては大変だァ、犬の子がァ……チーン（と鉦《かね》を叩く）。

汝《なんじ》、元来ひょっとこの如し。

きみと別れて松原いけば、松の露やら涙やら、アジャラカナトセノキューライス、テケレッツノパァ……」

『立川談志遺言大全集11』

後は知らない。勝手にしな

落語協会があって落語芸術協会があって、ともに続いてきて、というのは何なのか。どっかに属していないと、物事は成り立たないのか。

〝よく独立した〟というのは先代金馬で、どの団体にも属さずにやっていた。で、死んだと同時に、ある者は円歌の弟子、ある者は小さんの弟子、というふうに弟子はみな分かれていった。

落語立川流は、俺がつくった道《ロード》だ。けど、俺が死んだって弟子はやっていけるだろう。志の輔は一人でやっていけるだろう。志らくだって、談春だって、みんな落語協会から誘いが来たって入らないだろう。〝会長にしてやる〟といわれても入らないだろう。異質だからネ。

まとまったほうがいい、というのなら、家元に誰がなるのか。誰もならないで、落語立川流という名前だけ置いておくのか。

ハッキリいうと、もう俺は落語なんてどうでもいい。自分を含めてもういい。充分である。後は……知らない。勝手にしな、である。

『立川談志自伝　狂気ありて』

非常識の肯定

非常識を肯定しているのがスポーツと芸能である。

〝いくら殴っても構わない〟〝投げても構わない〟〝当てても構わない〟〝倒しても構わない〟〝蹴っても構わない〟という部分をこしらえてやったのがスポーツで、〝殺しても構わない〟〝親不孝しても構わない〟〝吉原で放蕩しても構わない〟という部分をこしらえてやったのが芸能だ。

で、落語の根底にあるのが、常識に対する非常識で、それを「業《ごう》の肯定」という言い方をしたのが、若き頃の談志であった。

話は違うが、ふと思い出した。落語に『二十四孝』がある。親孝行の噺である。中国の「二十四孝」を井原西鶴が『本朝二十不孝』にして、親不孝者を描いた。落語でも、『二十四孝』と言いながら、親不孝者を描いている。これを中国人が聴いて、呆《あき》れ返って引っくり返って屁《へ》が止まらなかった、と何かに書いてあったっけ。

落語『二十四孝』の落《さ》げは、こうだ。

「どうでえおっ嬶《か》ァ、俺がまじないをしたから、昨夜、蚊が一匹も出なかったろう」

「何言ってやんでい。私が朝まで扇《あお》いでたんだ」

これ、落語の中でも最高の落げだ。親不孝、逆転、ありとあらゆることを含めて。

つまり、最高の「非常識」と言っていいだろう。

『談志 最後の落語論』

滑稽噺は「自我」を発散する

常識に対する非常識を表現した噺が「滑稽噺」で、これをくどいが「業《ごう》の肯定」と言っていたが、最近になって〝それだけではない〟と考えるようになった。

「非常識」ではなくて、人間の奥底にある「なんともまとまらない部分」のすべて、これを私は「自我」と称《い》っているが、その自我の肯定が、〝人を殺しても構わない〟芸能、〝人を殴っても構わない〟スポーツではないか。

くどいが、人間は、生まれたときから周囲に〝作られて〟いく。「常識」を刷りこまれていく。その「常識」に抑えつけられているものが「自我」であり、人によっちゃあ、意識することすら恐ろしいこと。もちろん、口にもできないし、行動にも出せない。

つまり、〝意識している〟〝いない〟の違いはあっても、人間には、どうにも説明ができない〝気が狂っているのではないか〟としか思えないような自我がある。それは普段出てくると困るから、抑えて暮らしている。けど、抑えているだけで、消えているわけではない。それを肯定しているのが落語であろう。

私が称う「自我」は、「非常識」よりも凄い、いや、酷《ひど》いものだ。

私が高座で話しているような、拉致家族や皇族をはじめとするタブー噺は、「非常識」の範疇なのか、それとも「自我」の領域までいってしまうものなのか。

かつてこれらをマスコミで発言して、シャットアウトを食らったこともある。けど、高座で同じことを話せば、客はみな笑っている。ということは、「非常識」の範囲に収まるものなのだろう。

「自我」は、「非常識」を凌駕する。

「尻《けつ》の穴に蚊取り線香を入れて、煙出しながら宮城《きゅうじょう》の周りを走り、〝金正日《キムジョンイル》、万《マン》歳《セイ》！〟と叫びたい」

なんというような衝動とでもいおうか。

これと、どっかでつながっているのが、一つには『あたま山』だろう。〝自分の頭に身を投げちゃう〟なんというのは、とてつもない発想である。

『粗忽長屋』に『欠伸指南』もそこに入る。

『黄金餅』や『らくだ』も、それに近い。


『談志 最後の落語論』

落語は人をバカにする

志ん生は喋《しゃべ》る。

「えー、ヘビなんてなァ、何で〝ヘビ〟と呼《い》うようになったんですかネェ。あんなモノは、昔は名前なんぞなかったもんでェ。

〝何だい、こりゃあ。頭からすぐ尻尾になってらァ〟

〝何だい、てなほどのもんじゃあないよォ。こんなもなァ、屁《へ》みたいなもんだい〟

で、あれを〝へ〟と呼ったそうですね。〝へが行く、へが行く〟なんてンでェ。

で、そのうちに〝ビィ〟となって、へビだそうでェ」

これ聞いてぶっ飛んだ。そうなんだよ、その通りなのだ。蛇なんてなァ、へがビィとなってへビなんだ、ってネ。

これだい、これでいいのだ。

落語はどっかで人間を笑っている。バカにしているのだ。

「好奇心なんざァ、〝へ〟みたいなもんでして……」とネ。


『談志　最後の落語論』

「与太郎」の意義

業《ごう》を肯定し、非常識を肯定する落語的な眼で物事を眺め、処理している人物が「与太郎」である。

与太郎は人間の、人間社会の、その仕組みの無理を知っているのだ。だから偉い。

何が偉いといって、落語の与太郎ほど偉い奴《やつ》ァこの世にいない。モーツァルトも、レーニンも、ミケランジェロも、ダ・ビンチも敵《かな》わない。それに対抗できるのは、手塚治虫唯《ただ》一人である。


与太郎は、バカではない。

世間は、「生産性がない」ということだけで、「バカ」という称号を与える。けど、与太郎はその上をいく。〞バカと言われてもいい〞と思っているし、〞でも、あたいは働かないよ〞と言っている。

「〞働く〞（金儲け）なんぞ大したことじゃあない。人生に意義なんぞ持つと、ロクなこたァない」

そういうこった。

意義を持たないで暮らせりゃ、そんな結構なことはない。

けども、人間というのは、意義がないと生きられない厄介な生き物だから、その意義を持つことを〞よし〞としている。


『談志 最後の落語論』

そのワンフレーズのために

落語を作った人がそれを意識していたかどうかはわからないが、「自我」の集大成であるかのような落語のフレーズがある。

例えば『付き馬』で、

「だってあんた、〝おじさん、おじさん〟ったら、返事したじゃないか」
「だって俺、おじさんだもん。〝おばさん〟と言われりゃ返事しねぇ」

このワンフレーズのために、あの落語を演《や》っているといってもいい。

『寝床』では、豆腐屋の姿が見えないので、旦那が「豆腐屋どうしたい?」と聞くと、宴会があって、がんもどきを大量に作らなければならなくなったという。

「がんもどきなぞは大変でございます。ええ。あれはいろ〳〵中へ入りまして、ま、人参なんぞ軟らかいから、ま、いいんですけど、ゴボウなんぞ硬《かと》ゥございますから、あれ、細かくこきまして、あいつを……」

「おい、誰が、がんもどきの製造方法を言えと言った」

この一点に、かかってくる。

ところが、である。落語の核となる、〝そのフレーズ〟を飛ばして演るバカな噺家が増えている。

あろうことか、『二番煎じ』に出てくる宗助さんも飛ばして演る噺家がいるらしい。

寄席文字の橘左近が、毎年、「笑点」のカレンダーを作っていて、それらに入れる文字を、落語の登場人物でやってみたらどうかという話になった。

いろ〳〵な名前を二人で挙げていったネ。二人とも落語通だから、次々と名前が出てきて、〝もうねえだろう〟となったが、しばらく考えて思い出した。

「あ、宗助さんを忘れてた」

「宗助さんを忘れちゃあいけませんよ」

そのくらい、「宗助さん」に惚れている。

これを「落語通」と称《い》う。

ギャグを聞いて高笑いしたり、人情噺にグーッと引き込まれたりするのとは違うのだ。

〝それ〟を落語家が捨てるのか

話を戻す。落語というのは、人生における諸々《もろもろ》のやりとりの結晶である。ユーモアだ、ウイットだ、ナンセンスだ、あるときには、エロティシズムになったり、あるときには朗らかで明るい夢であったりする。

〝それ〟を落語家が捨てるのか。

それ以前に、そのことにすら気づいていない。古典落語を演《や》っているかに見える連中も、判っちゃいない。

若き談志が金馬師匠に感じた、「ごんべ〜ぃ」という山の中にボーンと聞こえる、あの郷愁も判るまい。

また思い出した。江戸っ子、東京人は、「あァー、そうだ」（と言いながら、〝パン〟と膝などを打つ）、と、こういう暮らしをしている。

「向こうから来ましたよと（パン）。えェ、いい女（パン）。誰でげす。左曲がっていなくなった。あ、それっきり？　いやァーやーやーやー。あちらから来る女というものは、また何とも言えませんな」
喋《しゃべ》りが全編音楽なのだ。私はこれを「演れ」と噺家たちに言っているが、誰も演ろうとしない。

『談志 最後の落語論』

〝男〟とは何だ、〝女〟とは何だ

ここで再び書いておく。家元は、女が出来る、男が出来る、つまり演じられるということ。じゃあ〝男〟とは何だ、〝女〟とは何だ。答えを言う。「同じ」である。ただ、女も男も、互いに「他性《たしょう》」というか、女は男、男は女を必要とした時に、「男であらねばならぬ」。またその男を認めるために「女であらねばならぬ」ということを態度で示すために、男の文化、女の文化が生まれた。

判りやすくいえば、「男らしさ」とは、「堂々としている」「上を向いて歩いている」ということだ。女性は、下向きに歩いている。「ひたむき」じゃないよ、「下向き」。……ごめんなさい、どうも家元、ダジャレに取っ付かれてまして……。

子孫繁栄、または性欲、何でもいい、快楽のためでもいい、女は女らしくすることによって、それらを繕《つくろ》ってきた。また、それに甘えて男も、「男らしさ」というのを繕ってきた。それらが、仕草になり、女性の態度になり、言葉遣いになり、艶《いろ》っぽさになり、科《しな》になる。

だが、あくまでもそれは文化的な表現であり、文化の上に成り立った生活態度の表現であって、そこにある、嫉妬、やれ欲望、勝手さ、傲慢、ケチ、果ては殺意に至るまで、男と女、変わりはあるまい。くどいが状況に対して出来上がった文化が違うだけである。

だから、〝私の中に女がいる〟と書いたが、正確に言うと、男を男らしくするために、女らしい仕草をする。そのことを生理的に判っているということである。またその文化に惚れて、それをしてみたくなる。ずばり言えば、「女性になって男を受け入れてみようか」という生理が判るということだ。

そういう意味からいって、円生師匠にそれはない、文楽師匠にそれはない。〝では、何ですか？　オカマの了見がなけりゃァ、駄目なんですか〟と言われたとすれば、〝まあ、満更、外れていませんよ〟と、こういうことになる。

ジャン・ジュネではないが、芸術は両性を知らなければなるまい。その通りである。

『立川談志遺言大全集14』

落語の灯

冗談ではなく、落語の〝灯は消えない〟のだが、円生流の演じ方を楽しんできたファンにとっては、たしかに〝灯が消えた〟という表現が当たっているかも知れない。

私が落語に惚れてこの世界に入ったのも、その「灯」が好きだったからで、文楽、志ん生、円生、三木助、小さんに、その〝灯〟を求めて育ち、修業してきたのだ。しかもその修業とは、ひたすらよき作品を創ることであり、「人物の心理」や「時代の活写」や「噺の構成」等々を夢中になって勉強した日々であった。

だが、それと同時に、柳好、馬風、さん馬、文治、桃太郎らに爆笑させられたのも事実で、〝よくもまあこんなくだらないことを喋《しゃべ》ったり演《や》ったりするもんだ〟と呆《あき》れ返って、笑い転げた。

民間ラジオが誕生し、ついでテレビが始まり、「お笑いブーム」がやってきて、私たちの存在も世間に知られるようになった。やがて週刊誌に登場し、落語家の私生活までが読者に知られるようになった。哀れな例として、マスコミに創られた役柄に、自分の芸風まで変えさせられ、そのため、それらのファンの思うようにしか生きられなくなった故小円遊。

こうなれば、落語家も当然このブームに乗り、演じる内容にも自分の私生活を語る部分が多くなった。聴く方も、〝それを聴かないと承知出来ない〟という風潮にもなってきた。

〝そんな内容は、落語ではない〟というのは、これまでの形式、つまり自分が聴いて育ってきた名人たちの形式を受け入れてきた人たちのいうことであって、昔はそれらの人たちのことを「常連」といった。この常連もいまや数も少なくなり、めったに寄席にも来なくなった。

彼ら数少ないファンを、いわゆる元の常連に取り戻す前に、多くの大衆が、新しい形式と内容をもった落語に期待しているという事実を見逃すわけにはいかない。

客は、落語という形式を借りた「落語家の考え方や生き様《ざま》」を見たり聴いたりしに来るようになった。昔の私のファンが、〝オイ談志！　お前の惚れた世界と、お前の演ってることは違うじゃないか〟というかも知れない。

しかし、大衆演芸という場合、ましてその時代に生きている芸人であれば、論理以前にまず生理があって、この生理的なものが大衆に傾いていくことは当たり前のことであって、この風潮のなかで、各人、自分の惚れた芸の灯を再現させているのである。

『立川談志遺言大全集11』

現代落語におけるリアリティとは

ズバリ言やァ、世の落語ファンにとって「うまい芸」「いい芸」とは、

●無駄のない脚色が出来て
●演《や》り方に落語としてのリアリティがあって
●その話術に心地よいリズムとメロディがある

と、まあ、こんなところだ。

じゃあ、この無駄のない脚色とか、演り方に「落語としてのリアリティ」とは、何を言うのか、と言われりゃあ、落語的表現方法を用いて、演じられた人間像に観客が共感を覚え、時にはそれらにサジェッションを与えられ、感動をする。そのことを「創りあげる脚色力が優《すぐ》れている」ということになる。

だが、ここで困ったことは、落語家が演じる人間像がはたして、本当の人間を描いていたか、ということだ。

答えは、いない、いないである。

そこに描かれているのは、人間の最大公約数的な生理現象であり、ある時は最小公倍数的な状況描写である。

下世話に言やァ、「酔っぱらい方が上手《うま》い」のであり、「欠伸《あくび》の仕方が上手《じょうず》」であり、「そばの食い方が結構」なのである、てなもんで（その、そばの食べ方は落語的約束上のうまさ、であって、本来のリアリティとはまた違う）。

ま、百歩譲って、〝人間、くやしい時は、あんな事を言うヨ〟であり、〝あんな時は、思わず、あんな仕業《しぐさ》をするし、ああいう行動をとるヨ〟という共感である。


何故《なぜ》、その時、その人間はそういう行為をするのか、またするようになったのか、してしまったのか。もっと言やァ、逆に何故、そうしない者がいたのか。

〝従来《いままで》とは違っているけどその演者《ひと》に生じた行為、表現方法、考え方ということは、人間として社会として、あり得ないのか〟という問題提起を演者が起こさないで、現代の観客に対して、落語のアッピールはない。


〝何故、この時に、こういう行為をするのか……、したのか……〟があるから物語になるのだが、従来の〝人間、金が入りゃあ飲み、打つ、買うが始まるから、女房が逃げた〟というパターンでは、とてもじゃないが、もたない。

なにも私は、『子別れ』のストーリィを変えろとは言わない（勿論変えてもかまわない。もっとよきストーリィがあれば、それを演ればいい）が、そのストーリィの上に加えて、演者は、何を言いたいのか、何を訴えたいのか、何を提起しようとしてるのか。

小三治の『子別れ』のように〝親子は一緒にいるのが一番いいんだ〟で済むのか。それを言い切るには、己《おのれ》が、そういう結論になったための、どれだけの体験があるのか、「私には何も伝わってこない」のである。体験がなければ、思い切った問題提起でもいい、いやむしろそれをやることが、落語家の特権なのである。

『談志ひとり会　文句と御託』

美学優先から落語の本質へ

若い頃は、粋な噺であるとか、難しい噺に憧れた。曰《いわ》ク、『文七元結』『品川心中』『富久』『らくだ』『子別れ』に憧れながら、口慣れるために『寿限無』『平林』『たらちね』『道灌』などを覚えていく。ちなみに、若い時分から『たらちね』はあまり好きではなく、『道灌』は〝まあよかった〟。

美学優先だったのは確かだ。美学が好きでやっていたと言ってもいい。落語における美学、その最たるものが「吉原」であり、大見世の風景であり、長屋の連中の会話よりも、「吉原」の雰囲気のようなものが好きで演《や》っていた。

それが、だん〲だん〲、落語の本質、〝これは何が言いたいのか〟と考えるようになった。漏れ言う「常識」という無理で作られた世界、本来はどうにもならない世界をまとめるために作った「常識」という名の無理。それに対して、「非常識」を肯定するようになった。

ところがやがて、世の中に「非常識」が蔓延してしまったものだから、まさかそこで、「常識」に戻るわけにもいかない。結果、自分の生き方、芸の生き方としてイリュージョンを求めた。

そのイリュージョンとは、人間が己《おのれ》の中でもまとまらないくらいだから、それを表現してもまとまらない世界、それを喋《しゃべ》るようになってきた。今もラジオでイリュージョン俳句をやったり、小咄にしている。

そのなかで、「港町一番風呂のドイツ人」という俳句があった。これはいい。アラブ人よりもインド人よりも、ドイツ人なのだ。

落語観が変わってきた、落語を変えてきたのは、私の中にイリュージョンが常にあったからだ。イリュージョンと美学とが葛藤して、若いころは美学が勝っていた。また美学が勝つことを〝よし〟とする状況が周りにあった。人間、その状況に準じてくる。〝負けた〟とは言いたくないから〝準じてくる〟。で、準じる方法が上手《うま》かったから〝談志は上手い〟と言われることになった。

談志の落語が変わったのは、イリュージョンと美学との力関係が変わったということだ。だから美学と称する〝上手いなあ、あいつは〟という芸を演ることもある。一席終わったときに、どこかのガキが〝上手いっ〟と言ったのを聴いたときは、いい気持ちであった。

『談志が遺した落語論』

落語はなぜ〝面白い〟のか

落語はなぜ〝面白い〟のか。それを分解してみる。

よく、「笑い」を分解して表現する人がいる。また、その表現に効果がある場合が多くある。ざっとあげても、道化、ナンセンス、ウイット、ジョーク、馬鹿、ユーモア……とある。いろ〳〵な分解の方法があると思うが、談志流に分解すると、こうなる。

「道化」は、例えば、歩いているときに、迂闊《うかつ》にもバナナの皮を踏んで引っくり返ってしまう。それを周りは見て笑う。そういう笑いを誘う芸だ。

けど、考えてみると、転んだのが女性で、しかも怪我をしたとすれば、笑っていられないだろう。

兵隊がトーチカに隠れている。と、そこへ、大勢の敵がザッ〳〵と入ってきた。その兵隊の恐怖の高まりは極限だろう。けど、その兵隊に気づくことなく敵が去ってしまった。そのとき兵隊は「ははは……」と笑う。

それ以前に、子どもはなぜ笑うのか。赤ん坊はなぜ笑うのか。外からの刺激で笑うのか。刺激されて、緊張が解けた瞬間に笑うのではないか。というのは、枝雀の意見だが、ある程度は当たっていると思う。余談であった。

「ナンセンス」は、〝どっか常識とは違っている〟〝ズレている〟という可笑《おか》しさを誘うものだ。ある意味、バカにしたような笑いを誘う。

「ウイット」は、〝野郎、巧いこと言いやがったな〟というもの。

「ジョーク」は、練って〳〵作りあげるものだ。

「馬鹿」は、状況判断ができないからやることが可笑しい。それを表現する。

それらを含め、笑いのすべてが理解《わか》ることを「ユーモアがある」「ユーモアが理解る」と言う。

で、落語はなぜ〝面白い〟のか。それは、それら笑いのすべての要素が入っているからであり、そこへさらにイリュージョンをぶち込んだのが立川談志である。だから談志の落語は〝さらに面白い〟。

『談志 最後の落語論』

説明はできない。けど、可笑しい

イリュージョンというのは、毎度言うとおり、宇宙に群れあっている無数のモノやコト、生き物から、さっと一部だけを持ってきて、〝どうでい〟と示すものだ、という言い方もできる。

その一条は、過去の人生のどこかにあったものなのだが、それは、言葉で説明しても理解《わか》らないであろう。談志落語と言わないまでも、落語の真髄を聴いてみないと判らない。

現実には〝かけ離れている〟もの同士をイリュージョンでつないでいく。そのつなぎ方に面白さを感じる了見が、第三者とぴったり合ったときの嬉しさ。〝何が可笑しいのか〟と聞かれても、具体的には説明ができない。けど、可笑しい。

イリュージョンには、判りやすいものとそうでないものがある。

権太楼が演《や》った『猫と金魚』（高沢路亭が創ったとされている。後で詳しく書く）は、判りやすい。

「番頭さん、金魚、どうしたい」

「私、食べませんよ」

これなどは、イリュージョン以外の何物でもない。物凄いギャグだ。

『談志　最後の落語論』

二本の光の出会うところ

で、イリュージョンとは何か。

〝進まねえじゃないか、談志《おまえ》の話は。イリュージョンは何だ、かんだと言って〟

〝どうも、相すいません〟

ディズニーのファンタジー映画のようなもの、とも言える。きらびやかな光線が空のあっちこっちから射してきて、二本の光線が交差する、その交差した点こそ、イリュージョンである。その、交差した瞬間、一致した瞬間が〝堪《たま》らない〟。

ナニ？　余計判らなくなったって？　〝どうも、相すいません〟……。

『談志　最後の落語論』

「現代」は「伝統」の延長線上にある

着物を着て、扇子を持って、座布団の上に座っているだけで、「伝統芸」を演《や》っていると思い込んでいる連中が多い。それは、違うな。

落語には口調というものがある。それが〝現代には向かない〟と考えて、昔ながらの口調を壊して演ろうとするが、それでは伝統芸ではない。

勿論、伝統芸といえども、観たり聴いたりするのは現代人だから、現代の感覚というものを意識しなければ、客を集めることはできない。

問題は、「現代の感覚」を意識する能力があるかどうかだが、ほとんどの噺家にそんな能力はない。よって自分たちは、着物、扇子、座布団、古典落語という「伝統」のなかに「現代」を入れているつもりだろうが、結果、伝統も現代も感じない、グロテスクな芸が出来上がる。

演り方としては、二通りだろう。

立川流の弟子たちをみても、二通りに分かれる。「伝統」だけを演っている弟子たちがいて、その一方で、「伝統」と「現代」の両方を演っている志の輔、「伝統」を主にしてそこに「現代」を入れようとしている談春（あまり入れてないが）、「伝統」よりも「現代」を優先してイリュージョンを演っている志らく（イリュージョンを演るにはちと早すぎるが）。

一番いいのは、「伝統」をバックに「現代」を入れた芸だろう。

伝統とは何か。それは「時間」である。伝統のある国・ない国、伝統のある学校・ない学校、伝統のある家・ない家と同じように、伝統のある芸・ない芸がある。伝統が築かれるまでには、長い〳〵時間の経過が必要だから、そこには過去の古い考え方や形が含まれている。そこに現代の客を呼ぼうと思えば、「現代」を入れなければならない。

けど、その「現代」は、伝統とまったく切り離せるものではなく、伝統の延長線上にあるものだ。その「現代」もやがて、伝統の中の一区間になれるようなものでなければならない。

『談志　最後の落語論』

文楽の『明烏』よりも、志ん生の『富久』よりも

「江戸の風」の吹いてそうな奴に、会いたい。

「江戸の風」に憧れるってのは、あるんですよ。だけど自然に吹いてくるというのは、なかなかないですね。くどいようだけど、さっき言った藤浦さんという、藤浦富太郎（実業家、政商で落語家のパトロンとしても著名）って人の倅《せがれ》さん。私より年上だからいい歳ですよ。元気ですよ。この人にはやっぱり、「江戸の風」が吹いてます。

落語で言うと何だろう。演者が「江戸の風」を吹かしちゃうんだろうけど、やっぱり柳好かな。三代目の柳好。「梅は咲いたか桜はまだかいな」というあの出囃子《でばやし》に乗って出てくる柳好。

〝待ってました、柳好！〟〝待ってました！〟〝ガマ！　ガマ！〟〝電車風景！〟と声がかかる。あの柳好の世界こそ、江戸の世界であったんじゃないですか。その感じがいくらか、のちの小柳枝（七代目春風亭小柳枝）にありましたけどね。

「ああそう、小柳枝、ウケたの？」

「ウケてますよ」

「よかったねェ」

色川武大さんがしみじみ、そう言ってくれましたけどね。

そう、柳好、『野ざらし』。やっぱり文楽の『明烏』よりも志ん生の『富久』よりも、柳好の『野ざらし』。

一番「江戸の風」が吹いていたのは誰だろう。春風亭柳好、三代目、向島《むこうじま》の師匠。向島で芸者屋をやってましたからね。まあ余計なこったけど。〝その柳好だ〟と言ったら、知ってる人は文句を言わないだろうな。文句なし。

江戸の風、落語家の風、江戸っ子の風、春風亭柳好。

以上でございます。

『江戸の風』

【出典】『談志ひとり会　文句と御託』二〇〇〇年、講談社
『立川談志遺言大全集』全十四巻、二〇〇二年、講談社
『談志 最後の落語論』二〇〇九年、梧桐書院／二〇一八年、ちくま文庫
『立川談志自伝　狂気ありて』二〇一二年、亜紀書房／二〇一九年、ちくま文庫
『談志が遺した落語論』二〇一四年、dZERO
『江戸の風』二〇一八年、dZERO

後口上

真打とその弟子

立川《たてかわ》談四楼《だんしろう》

本年二〇二三年は家元談志の十三回忌を迎える。そして立川流創立四十周年でもある。そんな節目というべき年に、立川流初の女性真打が誕生した。談春門下のこはるが名を小春志と改め、真打になったのだ。

その昇進披露パーティーは猛暑の七月三十日、明治記念館で催された。「こんな日に申し訳ございません。着るものにさぞお困りだったでしょう」との師匠談春の詫びから始まったが、大いに盛り上がった。落語家は東京四派を始め、上方からの出席もあり、まさに呉越同舟、垣根を越えての祝宴であった。

「こはる、十七年よく耐えた」との祝辞があった。客はこれによって小春志に至るまでの年月を知るわけだが、思えば談春の弟子はずいぶん辞めた。弟子は取らないと公言していた談春が弟子を取った。驚きをもって迎えられたのがこはるで、さて何人になるだろう。その後に入った男の弟子が次から次へと辞めたのだ。

理由は師匠談春と辞めた弟子のみぞ知るのだろうが、まあ生き残ったのが小春志というわけだ。その小春志がこの披露パーティーをすべて取り仕切ったと談春が言った。祝辞や出演者との交渉一切をひとりでやったと告げたのだ。秋の記念公演にしても六千枚のチケットのうち四千枚を小春志が手売りしたと言い、「興行の成り立ちを理解したはずだ」と続けたのだった。うむと唸りましたな。

司会の阿部知代さんが「小春志、お色直しからの入場です」と言ったときには驚いた。そして小春志が白無垢で入場したことにはもっと驚いた。結婚披露宴の新婦そのものではないか。これには約四百人の客席がドッと沸いた。「皆様のテーブルにご挨拶に伺い、彼女を真ん中に記念撮影を」とさらに言うから、さあお客は喜んだ。

立ち上がるお客が多い。自分のテーブルにいつごろやって来るのかを確認しているのだ。ステージには何人もの落語家が並び、紹介や挨拶の順番を、何と談春が仕切っている。納得する。司会の阿部知代さんがベテランと言えど、サブに付いている南沢奈央さんがいかに落語ファンと言えど、これは無理だ。微妙な呉越同舟を仕切れるのは小春志が客席にいる以上、談春以外にないのだ。

談春は集団をみごとに捌き、志らくを呼んだ。紋付羽織袴のふたりが揃って頭を下げ「立川ボーイズです」。これはウケた。そう、ふたりが売り出したのは立川ボーイズがその始まりなのだ。それにしても客はよく覚えてくれているなあ。


おや、いつの間にか柳家花緑が参加している。トリオの漫才だ。当然のごとく先代小さんや談志の話が出る。じつに自然に、柳家と立川流の歴史を笑いのうちに語っているのだ。そして小春志が各テーブルへの挨拶と記念撮影を済ませ、壇上に戻ってきた。「ここで新真打小春志からご両親への花束贈呈です」ときたから、客席はまた沸いた。もう結婚披露宴そのものになっている。

呼び出したもののお母さんが席を外していて爆笑となったが、これも台本のうちだろうか。揃ったはいいが今度はお父さんが客席や小春志にビデオを回していて、「花束もらうんでしょ、立場をわきまえなさい」と談春に叱られてまた爆笑……そんな賑やかな会だった。

弟子のために走り回る談春の姿を、意外に思った人は多いと思う。私もそのひとりだ。ケッと言い、こういうことをやらないのが談春なのだ。すれ違う誰彼に頭を下げていたっけ。談春はもう、小春志が可愛くてたまらないのだ。期待に応えた小春志も立派だが、今回、談春の師匠としての喜びを多くの人が知ったことだろう。

さて小春志の白無垢姿だが、客席がふたつに割れたことを報告しよう。「結婚願望の表れだ」「いや結婚しない宣言だ」である。

後口上を任された特権で、個人的なことを書かせてもらう。この五月、六月で、私に三人の弟子入り志願者がきた。もちろん初めてのことだ。来年に二ツ目を控える前座を最後に、少なくとも四年の間、弟子入りはなかったのだ。立て続けの弟子入りに、まさかドッキリかとカメラを探したぐらいで、大いに戸惑った。

「三十九歳ですがチャンスをください」と最初の男は言ってきた。なかなかいいフレーズで、そう言われては追い返すわけにはいかない。私に弟子はすでに六人いて、真打まで見届けられる限界と思われたが、話だけは聞いた。遅れた弟子入りの理由が分かり、まずは楽屋の見学からという手順を踏んだ。前座の働くさまを見て、務まるかどうかを判断させるためだ。

ところが見学の前に彼のとんでもないウソが発覚し、私は混乱した。頭の整理がつかないうちに今度は女子の入門志願者が現れ、その話も聞くことになった。ふたりの弟子入りは数日の違いこそあれ、ほとんど並行していた。なんのかんのがあってホッとひと息、さらにそこに元公務員の男が弟子入りに現れ……！というのが経緯。

久しくなかった弟子入りが、いっぺんに三人現れた。当然、弟子とは何だ？と考える。そこで浮かんだ構想が小説『七人の弟子』で、これまで私は談志を書いてきた。つまりテーマは「師匠」だ。これまで弟子が師匠を描いた小説は数多《あまた》あり、師弟のありようを第三者が書いたものも同様だ。しかし師匠が弟子を書いた小説に私は心当たりがない。これはイケル、私はそう思った。

件の三人のうちふたりのてんやわんやが第一章を飾り、そこから小説は遡る。快楽亭ブラックから預かったブラッCが三四楼を経てわんだになるまで。寸志は私の担当編集者だった。この「遅れてきた落語少年」は、いったいいつ真打になるのか。だん子は私の初の女子弟子で、しつこさに私が根負けした。ピン芸人のメンソールライトが落語家になって只四楼、お笑いからの転身である。オキナワンボーイの縄四楼は先だって二ツ目になり、名を琉四楼と改めた。半四楼は東大を卒業したが、東大出は落語家にプラスなのか。そして八人目の弟子が入るかどうかで小説は終わる。弟子は芸名では登場しない。アルファベットだ。書かれるのは事実そのものではなく、師匠の私から見た事実だからで、ここは彼らの名誉のために言い添える。

弟子になる男女は、どうやって師匠に辿り着くのか。本命に断られた場合はどうするのか。落語家への道を断念するのか、あるいは第二本命を探すのか。師匠は弟子を取ってやったのか。それとも弟子はいてくれているのか……。

談春と小春志の師弟のありようは、示唆するところ大だった。会場にも大勢の落語家がいて、弟子をもつ人もたない人、さまざまだった。弟子は面倒だし、持つ柄じゃねぇよ。それは分かる。かつての私もそう思っていた。しかし我らは真打になった時点で、等しく後進育成の義務を負うのだ。そうやって落語界はつながってきたのだ。

『七人の弟子』の出版目標は談志の十三回忌だが、果たしてそのころに日の目を見るのか。それともあえなくボツになり、私は腐っているのか。後者の場合はぜひご馳走して慰めてください。


世代交替が進む。談志の直弟子ではなく、徐々に孫弟子の時代になりつつある。東京の他流派や上方とのつきあいにしても、孫弟子はじつに上手くやっている。小春志がそれをみごとに証明した。さあ立川流の次の二ツ目は誰、真打は誰？

資料の部

落語立川流 系図

- 談志
  - 里う馬
  - 左談次★
    - 左平次
  - 談四楼
    - わんだ
    - 寸志
    - だん子
    - 只四楼
    - 琉四楼
    - 半四楼
    - 談声
    - 公四楼
  - ぜん馬
  - 龍志
    - 小談志
  - 談之助
  - 志の輔
    - 晴の輔
    - 志の八
    - 志の春
    - 志のぽん
    - 志の彦
    - 志の太郎
    - 志の麿
    - 志の大
  - 文都★
  - 談春
    - 小春志
  - 志らく
    - 志らら
    - 志ら乃
      - のの一
    - こしら
      - かしめ
    - 志ゑん
    - 志ら玉
    - らく朝★
    - らく次
    - 志らべ
    - 志獅丸
    - らく兵
    - がじら
    - らく人
    - 志ら鈴
    - うぃん
    - 志ら門
    - らく萬
    - 志らぴー
    - 志音
  - 生志
    - 生ぼう
  - 雲水
  - キウイ
  - 志遊
  - 談慶
    - 平林
  - 談笑
    - 吉笑
    - 笑二
    - 談洲
    - 笑えもん
    - 笑王丸
  - 談修
    - 談吉
  - 談大★

顧問
山藤章二

毒まむ志
藤志楼
錦之助
談遊
藪医志
談七
ダンカン
於春の方
カーチス
談デリー
野末陳平

＊二〇二三年十一月一日現在　★は故人

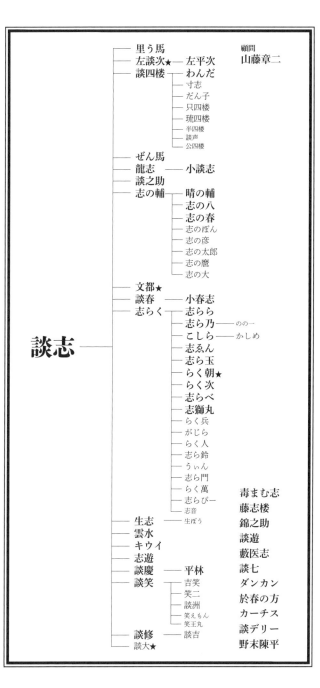

落語立川流 名鑑

＊二〇二三年十一月一日現在

①本名 ②生年月日 ③出身地 ④履歴 ⑤出囃子

家元

立川談志《たてかわだんし》

①松岡克由
②一九三六年一月二日
③東京都文京区
④一九五二年四月柳家小さんに入門、前座名「小よし」。一九五四年三月二ツ目昇進、「小ゑん」。一九六三年四月真打昇進、「七代目立川談志」襲名。
⑤木賊刈《とくさがり》
二〇一一年十一月二十一日逝去

談志門下

真打

土橋亭里う《どきょうていりゅ》馬《ば》

①帯津和夫
②一九四八年九月十六日
③埼玉県さいたま市
④一九六七年三月入門、前座名「談十」。一九七二年十一月二ツ目昇進、「談十郎」。一九八一年九月真打昇進、「十代目土橋亭里う馬」襲名。
⑤都囃子《みやこばやし》

立川談四楼《だんしろう》

①高田正一
②一九五一年六月三十日
③群馬県邑楽町
④一九七〇年三月入門、前座名「寸志」。一九七五年十一月二ツ目昇進、「談四楼」。一九八四年五月真打昇進。
⑤喜撰《きせん》

談志門下

真打

立川ぜん馬《ば》

①三須秀海
②一九四八年九月二十二日
③東京都世田谷区
④一九七一年一月入門、前座名「孔志」。一九七六年七月二ツ目昇進、「朝寝坊のらく」。一九八二年十二月真打昇進、「六代目ぜん馬」襲名。
⑤舌出三番叟《しただしさんばそう》

立川龍志《りゅうし》

①大塚歩
②一九四八年九月十七日
③東京都墨田区
④一九七一年三月入門、前座名「金志」。一九七六年七月二ツ目昇進、「金魚家錦魚」。一九八七年三月真打昇進、「龍志」。
⑤砧《きぬた》

立川談《だん》之《の》助《すけ》

①山林博
②一九五三年六月二十二日
③群馬県前橋市
④一九七四年七月入門、前座名「談Q」。一九七八年九月二ツ目昇進、「談之助」。一九九二年九月真打昇進。
⑤ぜんづと

立川志《し》の輔《すけ》

①竹内照雄
②一九五四年二月十五日
③富山県射水市
④一九八三年一月入門、前座名「志の輔」。一九八四年十月二ツ目昇進。一九九〇年五月真打昇進。
⑤梅は咲いたか

談志門下

真打

立川談春《だんしゅん》

①佐々木信行
②一九六六年六月二十七日
③東京都板橋区
④一九八四年三月入門、前座名「談春」。一九八八年三月二ツ目昇進。一九九七年九月真打昇進。
⑤鞍馬《くらま》

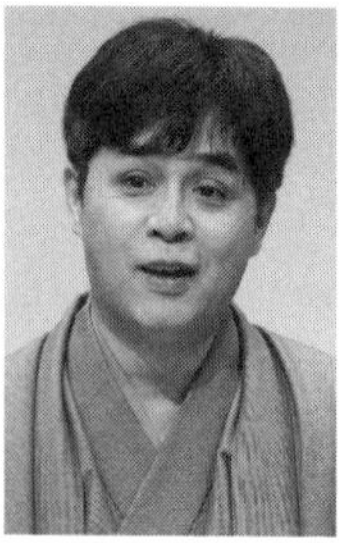

立川志《し》らく

①新間一弘
②一九六三年八月十六日
③東京都世田谷区
④一九八五年十月入門、前座名「志らく」。一九八八年三月二ツ目昇進。一九九五年十一月真打昇進。
⑤花嫁人形

立川生志《しょうし》

①赤木進
②一九六三年十二月十六日
③福岡県筑紫野市
④一九八八年七月入門、前座名「笑志」。一九九七年二月二ツ目昇進。二〇〇八年四月真打昇進、「生志」。
⑤あじゃら

立川雲水《うんすい》

①矢野究
②一九七〇年三月三十一日
③徳島県阿南市
④一九八八年十一月入門、前座名「志雲」。一九九七年二月二ツ目昇進。二〇〇九年十二月真打昇進、「雲水」。
⑤自転車節

談志門下

真打

立川キウイ

①塚田洋一郎
②一九六七年一月十一日
③東京都板橋区
④一九九〇年十二月入門、前座名「キウイ」。二〇〇二年六月破門。二〇〇四年一月復帰。二〇〇七年七月二ツ目昇進。二〇一二年七月真打昇進。
⑤木曾節

立川志遊《しゆう》

①樋口浩司
②一九六七年五月十七日
③東京都北区
④一九九一年三月入門、前座名「志楼」。一九九九年十一月二ツ目昇進、「志遊」。二〇〇九年六月真打昇進。
⑤並木駒形

立川談慶《だんけい》

①青木幸二
②一九六五年十一月十六日
③長野県上田市
④一九九一年五月入門、前座名「ワコール」。二〇〇〇年十二月二ツ目昇進、「談慶」。二〇〇五年四月真打昇進。
⑤イン・ザ・ムード、ライオン

立川談笑《だんしょう》

①小田桐英裕
②一九六五年九月二十三日
③東京都江東区
④一九九三年二月入門、前座名「談生」。一九九六年七月二ツ目昇進。二〇〇三年七月「六代目談笑」襲名。二〇〇五年十月真打昇進。
⑤佃《つくだ》、野球拳

談志門下

真打

立川談修《だんしゅう》

①占部直昭
②一九七三年一月二十日
③千葉県船橋市
④一九九五年三月入門、前座名「談修」。二〇〇二年六月破門。二〇〇三年五月復帰。同年十月二ツ目昇進。二〇一三年四月真打昇進。
⑤東雲節《しののめぶし》

左談次門下

真打

立川左平次《さへいじ》

①鎌田圭介
②一九七二年八月十八日
③神奈川県横浜市
④一九九九年七月快楽亭ブラックに入門、前座名「ブラ談次」。二〇〇五年八月立川左談次門下へ、「フラ談次」。二〇〇七年七月二ツ目昇進、「談奈」。二〇一五年十月真打昇進、「左平次」。
⑤ずいずいずっころばし

談四楼門下

真打

立川わんだ

①加古亮
②一九七六年二月三日
③愛知県名古屋市
④二〇〇一年八月快楽亭ブラックに入門、前座名「ブラッC」。二〇〇五年八月立川談四楼門下へ、「立川三四楼」。二〇一〇年二月二ツ目昇進。二〇一九年十月真打昇進、「わんだ」。
⑤立川わんだのテーマ

二ツ目

立川寸志《すんし》

①小田部信英
②一九六七年六月七日
③東京都立川市
④二〇一一年八月立川談四楼に入門、前座名「寸志」。二〇一五年三月二ツ目昇進。
⑤ダーク

談四楼門下

二ツ目

立川だん子《こ》

①大塚美保
②八月十五日
③東京都文京区
④二〇一四年四月立川談四楼に入門、前座名「だん子」。二〇一八年九月二ツ目昇進。
⑤ぎっちょんちょん

立川只四楼《ただしろう》

①内藤陽介
②一九七九年六月十八日
③岩手県盛岡市
④二〇一五年十月立川談四楼に入門、前座名「只四楼」。二〇一八年十月二ツ目昇進。
⑤半染めのおくり

立川琉四楼《りゅうしろう》

①兼次浩平
②一九八七年七月三十一日
③沖縄県宜野湾市
④二〇一八年三月立川談四楼に入門、前座名「縄四楼」。二〇二三年六月二ツ目昇進、「琉四楼」。
⑤二ツ目の上がり

前座

立川半四楼《はんしろう》

①壺井健太
②一九七二年七月六日
③大阪府茨木市
④二〇一八年六月立川談四楼に入門、前座名「半四楼」。

立川談声《だんせい》

①杉森多恵子
②一九八三年八月十一日
③東京都町田市
④二〇二三年五月立川談四楼に入門、前座名「談声」。

立川公四楼《こうしろう》

①酒井佑真
②一九八二年四月十五日
③東京都台東区
④二〇二三年六月立川談四楼に入門、前座名「公四楼」。

龍志門下

真打

立川小《こ》談《だん》志《し》

①寺田政春
②一九七六年九月八日
③岐阜県揖斐川町
④一九九九年五月立川談志に入門、前座名「談吉」。二〇〇二年六月立川流一門共有前座となり「談一」。二〇〇四年七月、「千弗」に改名。二〇〇七年七月二ツ目昇進、「泉水亭錦魚」。談志没後、二〇一二年四月龍志門下へ。二〇一五年十月真打昇進、「二代目小談志」襲名。
⑤マグマ大使

志の輔門下

真打

立川晴《はれ》の輔《すけ》

①檀上晃一
②一九七二年十一月二十一日
③兵庫県神戸市
④一九九七年九月立川志の輔に入門、前座名「志の吉」。二〇〇三年五月二ツ目昇進。二〇一三年十二月真打昇進、「晴の輔」。
⑤ハレルヤ

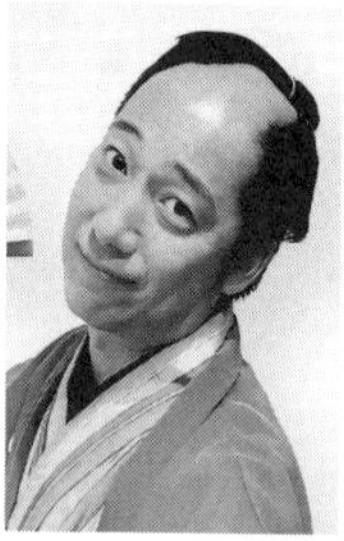

立川志《し》の八《はち》

①濱永徹
②一九七四年五月二十四日
③神奈川県横浜市
④二〇〇〇年五月立川志の輔に入門、前座名「志の八」。二〇〇九年二月二ツ目昇進。二〇一七年十一月真打昇進。
⑤八犬傳

立川志《し》の春《はる》

①小島一哲
②一九七六年八月十四日
③大阪府豊中市
④二〇〇二年十月立川志の輔に入門、前座名「志の春」。二〇一一年一月二ツ目昇進。二〇二〇年四月真打昇進。
⑤供奴《ともやっこ》

志の輔門下

二ツ目

立川志《し》のぽん

①墨谷敦
②一九七六年十二月二十三日
③茨城県石岡市
④二〇〇五年一月立川志の輔に入門、前座名「志のぽん」。二〇一三年四月二ツ目昇進。
⑤証城寺《しょうじょうじ》の狸囃子《たぬきばやし》

立川志《し》の彦《ひこ》

①高村悠吾
②一九八三年五月二十八日
③東京都練馬区
④二〇〇七年十月立川志の輔に入門、前座名「志の彦」。二〇一四年四月二ツ目昇進。
⑤日大節

立川志《し》の太郎《たろう》

①小川輝
②一九八五年六月十五日
③埼玉県ふじみ野市
④二〇一〇年四月立川志の輔に入門、前座名「志の太郎」。二〇一五年四月二ツ目昇進。
⑤にんげんっていいな

立川志《し》の麿《まろ》

①古川敬満
②一九八三年六月三日
③福岡県北九州市
④二〇一三年四月立川志の輔に入門、前座名「志の麿」。二〇一八年四月二ツ目昇進。
⑤御所のお庭

志の輔門下

二ツ目

立川志《し》の大《だい》

①中尾浩介
②一九八七年十二月三日
③大阪府高槻市
④二〇一六年三月立川志の輔に入門、前座名「志の大」。二〇二三年四月二ツ目昇進。
⑤オン・ザ・サニー・サイド・オブ・ザ・ストリート

談春門下

真打

立川小《こ》春《しゅん》志《じ》

①廣瀬麻美
②一九八二年十月七日
③東京都港区
④二〇〇六年三月立川談春に入門、前座名「こはる」。二〇一二年六月二ツ目昇進。二〇二三年五月真打昇進、「小春志」。
⑤二人椀久《ににんわんきゅう》

志らく門下

真打

立川志《し》らら

①柴田賢二
②一九七三年六月二十六日
③神奈川県横浜市
④一九九七年五月立川志らくに入門、前座名「志らら」。二〇〇二年五月二ツ目昇進。二〇一五年十月真打昇進。
⑤匂艶《にじいろ》 THE NIGHT CLUB

立川志《し》ら乃《の》

①狩野徹
②一九七四年二月二十四日
③東京都三鷹市
④一九九八年三月立川志らくに入門、前座名「志ら乃」。二〇〇三年五月二ツ目昇進。二〇一二年十二月真打昇進。
⑤手鞠唄《てまりうた》

志らく門下

真打

立川こしら

①若林大輔
②一九七五年十一月十四日
③千葉県東金市
④一九九六年五月立川志らくに入門、前座名「らく平」。二〇〇二年五月二ツ目昇進、「こしら」。二〇一二年十二月真打昇進。
⑤with T.K.

立川志《し》ゑん

①後藤貴雄
②一九七四年六月二十四日
③神奈川県横浜市
④一九九九年四月立川志らくに入門、前座名「らく八」。二〇一二年四月二ツ目昇進、「志奄」。二〇一九年五月前座降格。同年七月二ツ目復帰。二〇二二年九月真打昇進、「志ゑん」。
⑤鳩ぽっぽ

立川志《し》ら玉《たま》

①村上大介
②一九七五年七月九日
③千葉県鎌ケ谷市
④二〇〇〇年二月快楽亭ブラックに入門、前座名「ブラ汁」。二〇〇五年八月、立川志らく門下へ、「立川らくB」。二〇〇七年七月二ツ目昇進、「らく里」。二〇一五年十月真打昇進、「志ら玉」。
⑤深川くずし

立川らく次《じ》

①間瀬真一郎
②一九七六年十二月三十日
③神奈川県横浜市
④二〇〇〇年三月立川志らくに入門、前座名「らく次」。二〇〇七年七月二ツ目昇進。二〇一七年十二月真打昇進。
⑤故郷の空

志らく門下

真打

立川志《し》らべ

①久保田浩之
②一九七五年九月三日
③静岡県伊豆の国市
④二〇〇〇年三月立川志らくに入門、前座名「志らべ」。二〇〇七年七月二ツ目昇進。二〇一八年十月真打昇進。
⑤さつまさ

立川志《し》獅《し》丸《まる》

①吉盛正之
②一九七六年四月十九日
③東京都豊島区
④二〇〇二年五月立川志らくに入門、前座名「らく太」。二〇一二年四月二ツ目昇進、「志獅丸」。二〇一九年五月前座降格。同年七月真打昇進。
⑤せり

二ツ目

立川らく兵《へい》

①中間剛
②一九七七年五月八日
③宮崎県宮崎市
④二〇〇六年八月立川志らくに入門、前座名「らく兵」。二〇一二年四月二ツ目昇進。
⑤防空音頭

立川がじら

①小田中裕士
②一九八六年五月二十一日
③群馬県前橋市
④二〇一一年二月立川志らくに入門、前座名「がじら」。二〇一六年二月二ツ目昇進。二〇一九年五月前座降格。同年七月二ツ目復帰。
⑤満鉄小唄

志らく門下

二ツ目

立川らく人《と》

①土井真也
②一九八五年四月十六日
③鳥取県米子市
④二〇一一年四月立川志らくに入門、前座名「らく人」。二〇一五年二月二ツ目昇進。二〇一九年五月前座降格。同年七月二ツ目復帰。
⑤じんじろ

立川志《し》ら鈴《りん》

①田中里奈
②一九七五年八月七日
③北海道札幌市
④二〇一三年四月立川志らくに入門、前座名「志ら鈴」。二〇一九年四月二ツ目昇進。同年五月前座降格。二〇二〇年一月二ツ目復帰。
⑤ぽんぽこサンバ

立川うぃん

①久保尚太
②一九八七年九月二十九日
③神奈川県横浜市
④二〇一三年五月立川志らくに入門、前座名「らくぼ」。二〇二二年一月二ツ目昇進、「うぃん」。
⑤ラデツキー行進曲

立川志《し》ら門《もん》

①橋本堅
②一九八四年七月二十四日
③愛媛県大洲市
④二〇一四年六月立川志らくに入門、前座名「志ら門」。二〇一八年九月二ツ目昇進。二〇一九年五月前座降格。二〇二〇年一月二ツ目復帰。
⑤猫じゃ猫じゃ

志らく門下

二ツ目

立川らく萬《まん》

①渡部智和記
②一九九三年一月十九日
③新潟県新潟市
④二〇一五年四月立川志らくに入門、前座名「らくまん」。二〇二三年一月二ツ目昇進、「らく萬」。
⑤新潟小唄

立川志《し》らぴー

①片桐悠吾
②一九九三年一月二十一日
③東京都町田市
④二〇一六年三月立川志らくに入門、前座名「志らぴー」。二〇二三年一月二ツ目昇進。
⑤えび

前座

立川志《し》音《おん》

①藤木海音
②一九九八年二月十一日
③神奈川県横浜市
④二〇二三年一月立川志らくに入門、前座名「志音」。

生志門下

前座

立川生《しょう》ぼう

①田中大昌
②一九九五年三月五日
③福岡県太宰府市
④二〇二〇年二月立川生志に入門、前座名「生ぼう」。

談慶門下

真打

立川平林《ひらりん》

①平林芳金
②一九七三年七月二十五日
③愛知県知多郡
④二〇〇五年三月立川談志に入門、前座名「平林」。二〇〇七年七月二ツ目昇進。談志没後、二〇一二年七月立川談慶門下へ。二〇一八年十月真打昇進。
⑤名古屋甚句

談笑門下

二ツ目

立川吉笑《きっしょう》

①人羅真樹
②一九八四年六月二十七日
③京都府京都市
④二〇一〇年十一月立川談笑に入門、前座名「吉笑」。二〇一二年四月二ツ目昇進。
⑤東京節(パイのパイのパイ)

立川笑二《しょうじ》

①知花弘之
②一九九〇年十一月二十六日
③沖縄県読谷村
④二〇一一年六月立川談笑に入門、前座名「笑二」。二〇一四年六月二ツ目昇進。
⑤てぃんさぐぬ花

立川談洲《だんす》

①大江卓
②一九八七年十月十四日
③富山県射水市
④二〇一七年一月立川談笑に入門、前座名「談洲」。二〇一九年十二月二ツ目昇進。
⑤からかさ

談笑門下

前座

立川笑《わら》えもん

①石川錬
②一九九三年七月九日
③静岡県沼津市
④二〇二〇年一月立川談笑に入門、前座名「笑えもん」。

立川笑王丸《しょうおうまる》

①中尾大
②一九九八年六月二十七日
③東京都文京区
④二〇二一年五月立川談笑に入門、前座名「笑王丸」。

談修門下

二ツ目

立川談吉《だんきち》

①後藤正寿
②一九八一年十二月十四日
③北海道帯広市
④二〇〇八年三月立川談志に入門、前座名「談吉」。二〇一一年六月二ツ目昇進。談志没後、二〇一二年四月左談次門下へ。二〇一八年三月の左談次没後、談修門下へ。
⑤梅が枝《え》の手水鉢《ちょうずばち》

志ら乃門下

前座

立川のの一《いち》

①篠原佐和
②一九九七年七月一日
③神奈川県相模原市
④二〇二二年四月、立川志ら乃に入門、前座名「のの一」。

こしら門下

二ツ目

立川かしめ

①木村勇貴
②一九八九年三月三十日
③愛知県名古屋市
④二〇一五年七月立川こしらに入門、前座名「立川仮面女子」。二〇一六年十月、「かしめ」に改名。二〇二〇年四月二ツ目昇進。
⑤二ツ目の上がり

談志が生前に弟子と認めた著名人

①芸名または本名（職業・肩書）②生年月日 ③履歴

立川毒《どく》まむ志《し》
①毒蝮三太夫（タレント）
②一九三六年三月三十一日
③一九八三年十一月入門

立川藪《やぶ》医《い》志《し》
①松岡悟（元警視庁警察学校理事官、元診療所長）
②一九三八年三月二十日
③一九八四年三月入門

ミッキー亭《てい》カーチス
①ミッキー・カーチス（歌手、俳優）
②一九三八年七月二十三日
③一九九五年一月入門、一九九八年一月真打昇進

立川藤《とう》志《し》楼《ろう》
①高田文夫（放送作家）
②一九四八年六月二十五日
③一九八三年十一月入門、一九八八年十一月真打昇進

立川談《だん》七《しち》
①生原正久（元代議士秘書）
②一九四四年二月一日
③一九八四年四月入門

立川談《だん》デリー
①マルカス（旅行会社代表取締役）
②一九五五年七月二十二日
③一九九八年十二月入門

立川錦《きん》之《の》助《すけ》
①ビートたけし（タレント、映画監督）
②一九四七年一月十八日
③一九八三年十一月入門

ダンカン
①ダンカン（タレント、構成作家）
②一九五九年一月三日
③一九八六年二月入門（一九八二年九月前座として入門）

立川流野《の》末《ずえ》陳《ちん》平《ぺい》
①野末陳平（元参議院議員、元大正大学教授、著述家）
②一九三二年一月二日
③二〇〇二年五月入門

立川談《だん》遊《ゆう》
①山本晋也（映画監督）
②一九三九年六月十六日
③一九八三年十二月入門

立川於《お》春《はる》の方《かた》
①内田春菊（漫画家、作家、女優）
②一九五九年八月七日
③一九八七年八月入門

談志が生前に認めた一般人

相沢清繁（立川久蔵）
高橋博（立川談薬）
佐藤明（立川朝志）
葉山吉行（立川小龍包）
高橋一豪（立川談茶可）
本間晶一（立川談我良）
斎藤成之（立川成行）
今村修
大久保祐司
大貫竪凱（立川竪志）
小笠原慎治
宝田一夫
濱崎隆（濱乃志隆）
中村雅則
山澤満（立川呑志）
松本力（立川談骨）
谷野幸二
下山浩司（立川久六）
今野信介（立川志ん介）
竹田旭（立川旭志）
竹田ミチ子（立川小ミチ）
吉田章
大橋薫
長井政彦（立川凡志）
櫻井清史（立川清志楼）
並川功（立川抜志）
渡邊一弘（立川談ペット）
中島達成
加藤直樹（立川雄志）
丸剛臣（立川談々丸）

落語立川流 年表 1983〜2023

前座期間に廃業した者は、談志直門のみ掲載

	入門・破門・死去など	昇進・改名・受賞など	しくじり・事件・エピソードなど

1983年（昭和58）

6月

●一門の小談志と談四楼が、この年の5月に行なわれた落語協会の真打昇進試験に不合格となる。6月30日、この事件を機に、以前より昇進試験の審査基準、落語協会の体制に疑問を感じていた談志が弟子とともに落語協会を脱会する。脱会時の談志一門は次のとおり

【真打】文字助（のちにフリー）、里う馬、左談次、談プ（のちに漫談家）、談生（現・鈴々舎馬桜）、ぜん馬

【二ツ目】小談志（のちの喜久亭寿楽）、談四楼、錦魚（現・龍志）、志笑（のちに快楽亭ブラックを経てフリー）、談之助、談幸（のちに落語芸術協会）

【前座】談州（のちに廃業）、談六（のちに廃業）、談かん（現・ダンカン）、志の輔

●このうち、英国屋志笑が立川レフチェンコと改名して落語協会に残り、スパイ工作を命じられる。家元の信頼が厚い談幸も相棒として残留するが、名前がいかにもスパイだったため工作が発覚。当時の落語協会会長だった五代目柳家小さんの「弟子は師匠に付いていくもんだ」との大義名分で、協会退去の命令を受ける

●この年、小さんは芸能生活50周年を迎えた

11月

●11月1日、落語立川流を設立し、家元制度をしく。従来の一門をAコースとし、他に著名人対象のBコース、一般人対象のCコースを設ける

●設立当時のBコース入門者は、毒蝮三太夫（毒まむ志）、高田文夫（藤志楼）、佐藤敦之（文志）、ビートたけし（錦之助）

12月

●山本晋也（談遊）、Bコース入門

●談々（のちにのらくを経て廃業）、入門

年	月	入門	昇進	備考
1984年（昭和59）	2月	●関西（のちの文都）、入門 ●上岡龍太郎（右太衛門）、Bコース入門		
	3月	●談春、入門 ●談秋（のちに廃業）、入門 ●松岡悟（藪医志）、Bコース入門		●談秋、家元に金魚のエサやりを命じられるも、麩を丸ごと1本与えて金魚を溺死させる
	4月	●生原正久（談七）、Bコース入門		
	5月		●談四楼、真打昇進 ●小談志（のちの寿楽）、真打昇進	●このころ、半年に14～15人が大量入門。しかしことごとく辞めるので、兄弟子のいじめが疑われる
	9月	●横山ノック（禿談次）、Bコース入門		
	10月		●志の輔、二ツ目昇進	
	11月	●山口洋子（談桜）、Bコース入門		
1985年（昭和60）	3月	●談生（本名・露久保、のちに廃業）、入門 ※「談生」命名は、初代談生が馬風門下へ去ったあと		●のちに落語協会へと去った初代談生が二度と立川流に復帰できないように、前座に「談生」と命名。この名が付いた弟子は長続きしないため、以後立川流では「呪われた名前」といわれる

	4月	●右近（のちに放送作家）、入門		●このころ、前座の仕事ぶりの悪さに耐えかねた家元が、前座の談々、関西、談春、談生を築地の魚河岸へ修業に出す。以後しばらく、入門した弟子は築地の魚河岸で働くのが通例となる
	6月	●滝大作（大御所）、Bコース入門		
	7月	●堀内美希（志津歌）、Bコース入門		
	10月	●志らく、入門 ●初代談生、落語協会に戻り、鈴々舎馬風門下へ（「馬桜」となる）		●志らく、築地の魚河岸での修業を断固として断る
	12月	●野坂昭如（転志）、Bコース入門		
1986年（昭和61）	1月	●志っ平（のちに廃業）、入門 ●景山民夫（八王子）、Bコース入門 ●高平哲郎（高平）、Bコース入門		●志っ平、修業先の築地の魚河岸で結婚相手を見つけ、魚河岸に永久就職
	2月	●「たけしさんを紹介してください」といって辞めた談かんがBコースへ入門して「ダンカン」		

	5月			●このころ、家元のすすめで春風亭栄橋師がパーキンソン病治療のため戸塚ヨットスクールへ入校。「お前らもついでに治してもらってこい」との家元のひと言で、談々、関西、談春、志らくが戸塚ヨットスクールへ入校させられる
	11月	●団鬼六（鬼六）、Bコース入門 ●廃業した談州が談志んとして再入門（のちに再廃業）		
1987年（昭和62）	3月		●錦魚改め「龍志」、真打昇進	
	5月	●談之進（のちに廃業）、入門	●談幸、真打昇進	●談之進、米一升が当たり前という大食漢ぶりで「米は喉ごし」との名言を残す。家元に「パンを買ってこい」と言われて5斤を購入。「だれがこんなに食べるんだ?」に、「ひとり1斤です」と即答。結果、本人が4斤を完食。二ツ目昇進後、「落語は来世の楽しみにします」の名言を吐いて、「幸福の科学」へ本格的に入信。現在教団で活躍中との噂
	8月	●内田春菊（於春の方）、Bコース入門		

1988年（昭和63）	1月	●丸茂ジュン、Bコース入門		
	3月		●談々改め「朝寝坊のらく」、関西改め「談坊」、談春、志らく、二ツ目昇進	●談々は二ツ目昇進後、TBS『平成名物TVヨタロー』で立川ボーイズ（談々、談春、志らく）として活躍するも、家元からの電話に酔って出てしくじり、謹慎。許されたものの、自ら廃業。以後、立川ボーイズは談春、志らくの2人で活動
	4月	●顧問・十七代目中村勘三郎、死去		
	7月	●笑志（現・生志）、入門		
	10月	●このころ、談生（本名山下・のちに廃業）、入門		
	11月	●志雲（現・雲水）、入門	●藤志楼こと高田文夫、Bコース初の真打昇進	●志雲、家元が忘れてしまったトランクの鍵の番号を推測で当てて解錠するなど、身のまわりの世話に優れた才能を発揮。家元に「こいつがいないとオレが困る」と言わしめる
1989年（平1）	2月	●顧問・手塚治虫、死去		●このころ、「上納金を返してやってもいい」という家元のひと言をめぐって、一部の弟子と家元の間に解釈の違いが発生。

				結果、一門全員が家元から小言を食らうはめとなり、果ては立川流解散問題へと発展する。そこで、立川流の存在をアピールするため、「立川流落語会日本すみずみ出前寄席」を9万9800円で展開
	4月	●顧問・色川武大、死去		
1990年（平2）	1月		●志の輔、平成元年度の芸術祭賞を受賞	
	2月	●ポール牧（光掌）、Bコース入門 ●三遊亭楽太郎（談次郎）、Bコース入門		
	5月		●志の輔、真打昇進	
	12月	●キウイ、入門		
1991年（平3）	2月	●五味武（難民）、Bコース入門		
	3月	●志楼（現・志遊）、入門		
	5月	●ワコール（現・談慶）、入門		●ワコール、家元宅の冷蔵庫の霜取り後、電源を入れ忘れて食品を腐らせる。中には高級マグロもあり、家元の大変な怒りを買う

	6月	●國志館（現・三遊亭全楽）、入門		
	9月	●小談志脱会、のちに「四代目喜久亭寿楽」襲名		
	11月	●日暮里サニーホールにて第1回「立川流日暮里寄席」。以後月2回のペースで開催		
1992年（平4）	2月	●寿楽、鈴々舎馬風門下へ		
	8月	●顧問・稲葉修、死去		
	9月	●なべおさみ（裏門）、Bコース入門	●平成改め「二代目快楽亭ブラック」、談之助、〝邪道真打〟昇進	●キウイ、「ブラック・談之助真打昇進パーティー」に黒ネクタイで登場。いわく「これしかなかった」
1993年（平5）	2月	●談生（現・談笑）、入門		
	3月	●談々（のちに廃業して漫談家「嵐丸」）、入門 ●このころ、志の輔門下に談志の孫弟子第1号・こあら（のちに廃業）、入門 ※志の輔門下では、それ以前に志の多という弟子が確認されているが、活動前に廃業したため、孫弟子第1号とは認定されず		●こあら、旅先の列車内で師匠志の輔に起こされること数知れず

	10月	●上田哲、Bコース入門 ●このころ、談吉（本名山本・のちに廃業）、入門		
1994年（平6）	2月	●Bコース藤田小女姫、死去		
	3月	●顧問・胡桃沢耕史、死去		
	5月	●志っ平（のちの柳家小蝠）、入門		●志っ平、家元からもらった小遣いを何を思ったかゴミ箱へ。他の弟子も連帯責任で謹慎を食らう
	9月	●小談林（のちに廃業して現・バイオリン漫談家「マグナム小林」）、入門		●小談林、家元に「牛乳を買ってこい」と言われたところ、何を聞き間違えたか〝牛丼〟を買ってくる
	12月	●志加吾（現・登龍亭獅篭）、入門		●志加吾、その後、落語や一門、家元をネタにした漫画『風とマンダラ』を『モーニング』（講談社）に連載して人気を博すも、それがきっかけで破門となる
1995年（平7）	1月	●ミッキー・カーチス（ミッキー亭カーチス）、Bコース入門		

	3月	●談修、入門		
	5月	●奥山侊伸（のちに侊志ん）、Ｂコース入門		
	11月		●志らく、真打昇進	
1996年（平8）	5月	●志らく門下・らく平（現・こしら）入門		
	7月	●高井研一郎（雄之助）、Ｂコース入門	●談生、二ツ目昇進	
	12月	●顧問・江崎真澄、死去		
1997年（平9）	1月	●上野広小路亭にて第1回「立川流上野広小路寄席」。1日3部構成。以後月1回のペースで開催		
	2月		●笑志、志雲、二ツ目昇進	
	5月	●談大、入門 ●志らく門下・志らら、入門		●格闘技好きの談大、家元がＰＲＩＤＥのリングアナを務める際のお付きに任命しようとしたところ、「試合を見たいから」と断る
	9月	●志の輔門下・志の吉（現・晴の輔）、入門	●談春、真打昇進	

	10月	●ブラック門下・ブラ房（現・吉幸）、入門		
1998年（平10）	1月	●Bコース景山民夫、死去	●ミッキー亭カーチス、Bコース真打昇進	
	3月	●志らく門下・志ら乃、入門		●志ら乃、師匠志らくの映画撮影のため数日家を空けていたところ、泥棒が住み込んでいた
	4月	●志らく門下・らく朝、Bコース入門		
	7月	●赤塚不二夫（不二身）、Bコース入門 ●談号（現・登龍亭幸福）、入門		●談号はドクター中松の研究所からの入門
	8月	●顧問・田村隆一、死去		
	10月		●談坊、真打昇進、「六代目立川文都」襲名 ●文志、Bコース色物真打昇進	
	12月	●マルカス（談デリー）、Bコース入門		
1999年（平11）	4月	●志らく門下・らく八（現・志ゑん）、入門		
	5月	●談吉（現・小談志）、入門		

	7月	●ブラック門下・ブラ談次（現・左平次）、入門		●ブラ談次は当初、左談次に入門を希望していたが、「弟子は取らない」と断られる。その場に居合わせたブラックの門下へ入門をすすめられ「じゃあ……」と入門
	11月		●志楼改め「志遊」、二ツ目昇進	
2000年（平12）	1月	●上野広小路亭にて第1回「立川流夜席」。以後月1回のペースで開催		
	2月	●ブラック門下・ブラ汁（現・志ら玉）、入門		
	3月	●志らく門下Bコース・らく朝、志らく門下Aコースへ入門 ●志らく門下・らく次、志らべ、入門		
	5月	●志の輔門下・志の八、入門		
	6月	●このころ、一門の多くが上納金を滞納している事実が発覚。うち、支払い不能の談々が破門となる。これをきっかけにしてその後、國志館、志っ平が一門から去る		
	9月	●國志館、五代目圓楽門下へ（二ツ目となり「安楽」）	●奥山侊伸、高座名「立川侊志ん」となる	

	10月	●Bコースのメンバー整理を行なう。残ったのは、毒蝮三太夫、高田文夫、佐藤敦之、ビートたけし、山本晋也、上岡龍太郎、松岡悟、生原正久、横山ノック、ダンカン、団鬼六、内田春菊、ミッキー・カーチス、奥山侊伸、高井研一郎、赤塚不二夫、マルカスの17名		
	12月		●ワコール改め「談慶」、二ツ目昇進	
2001年（平13）	1月		●ブラック、平成12年度の芸術祭優秀賞を受賞	
	2月	●志っ平、文治門下へ（前座名「前助」）		
	8月	●ブラック門下・ブラッC（現・わんだ）、入門		
2002年（平14）	5月	●志らく門下・らく太（現・志獅丸）、入門 ●野末陳平（陳志い改め「立川流野末陳平」）、Bコース入門	●らく平改め「こしら」、志らら、二ツ目昇進	
	6月	●談志門下前座6名（キウイ、志加吾、談修、談大、談号、談吉）、二ツ目への昇進意欲が見られないため破門		●前座6名を一度に破門にしたため、人手不足となり、談吉が、立川流共有前座「談一」として戻される
	10月	●志の輔門下・志の春、入門		
2003年（平15）	1月	●「立川流夜席」を「立川流金曜夜席」と改める。以後月1回のペースで開催		

	3月			●家元、孫弟子の二ツ目昇進試験を行なう。志の吉、志ら乃が合格
	4月		●志の吉、志ら乃、二ツ目昇進	
	5月			●家元、破門中の前座の復帰試験を行なう。談修が合格。同日、孫弟子の二ツ目昇進「再試験」を行なうが、合格者なし
	6月	●吉川潮、顧問に就任 ●談修、復帰		
	7月		●談生、「六代目立川談笑」を襲名	
	8月			●復帰試験不合格の志加吾と談号、雷門小福門下へ（「獅篭」「幸福」となる）
	10月	●東京芸術劇場にて「落語立川流二十周年記念〈立川流真打の会～家元に捧げる三夜～〉」開催	●談修、二ツ目昇進	
2004年（平16）	4月		●らく朝、二ツ目昇進	
	7月	●談幸門下・松幸（現・幸之進）、入門	●談一、「千弗」に改名	

2005年（平17）	1月	●志の輔門下・志のぽん、入門		
	3月	●平林、入門		
	4月		●談慶、真打昇進	
	7月	●快楽亭ブラック、借金を理由に自主退会		
	8月		●ブラ房、談幸門下に移籍し「吉幸」 ●ブラ談次、左談次門下に移籍し「フラ談次」 ●ブラ汁、志らく門下に移籍し「らくB」 ●ブラッC、談四楼門下に移籍し「三四楼」	
	10月		●談笑、真打昇進	
2006年（平18）	3月	●談春門下・こはる（現・小春志）、入門		
	8月	●志らく門下・らく兵、入門		
	12月			●「談志・志の輔親子会『夢一夜』」開催。ネットオークションでチケットに10万を超える値がつく
2007年	4月	●談春門下・春太（のちに春吾を経て廃		

（平19）		業）、入門		
	5月	●横山ノック（禿談次）、死去		
	7月		●キウイ、吉幸、談大、千弗改め「泉水亭錦魚」、フラ談次改め「談奈」、らくB改め「らく里」、らく次、志らべ、平林が二ツ目昇進	
	10月	●志の輔門下・志の彦、入門		
2008年（平20）	3月	●談吉、入門		
	4月	●顧問・川内康範、死去	●笑志改め「生志」、真打昇進	
	6月			●「立川談志　談春親子会」歌舞伎座で開催
	8月	●赤塚不二夫（不二身）、死去		
2009年（平21）	2月		●志の八、二ツ目昇進	
	6月		●志遊、真打昇進	
	8月			●家元、長期休養を発表

	10月	●文都、死去		
	11月	●顧問・森繁久彌、死去		
	12月		●志雲改め「雲水」、真打昇進	
2010年（平22）	1月			●家元、糖尿病などの治療のため入院（〜2月）
	2月		●三四楼、二ツ目昇進	
	4月	●志の輔門下・志の太郎、入門		●家元、新宿紀伊國屋ホールの「立川流落語会」で公演復帰
	9月	●顧問・小室直樹、死去		
	11月	●談笑門下・吉笑、入門 ●談大、死去		
2011年（平23）	1月		●志の春、二ツ目昇進	
	2月	●志らく門下・がじら、入門		
	3月			●家元、喉頭がんの治療のため入院

年	月	出来事
	4月	●志らく門下・らく人、入門 ●松幸改め「幸之進」、二ツ目昇進
	5月	●団鬼六(鬼六)死去
	6月	●談笑門下・笑二、入門 ●談吉、二ツ目昇進
	7月	●キウイ、真打昇進 ●家元、キウイの真打昇進披露パーティーを欠席。理由は「ビン・ラディンの喪に服すため」
	8月	●家元、銀座のバー『美弥』で直弟子18人と面会 ●談四楼門下・寸志、入門
	11月	●21日、家元死去。戒名は生前自ら付けた「立川雲黒斎家元勝手居士」 ●23日、家族のみで密葬
	12月	●21日、ホテルニューオータニで「お別れの会」開催
2012年(平24)	2月	●隅田公園内仮設劇場にて、「立川談志追悼公演 落語立川流 In 平成中村座」開催
	4月	●国立演芸場にて、「特別企画公演 立川流落語会」開催
		●談志の死去を受け、錦魚が龍志門下に、談吉が左談次門下に移籍 ●らく八改め「志奄」、らく太改め「志獅丸」、らく兵、吉笑、二ツ目昇進

	6月	●家元制度、上納金制度を廃止。新代表には総領弟子の里う馬が就任し、左談次、談四楼、談幸、志の輔、志らく、雲水が理事に就任、合議制での運営に		
			●こはる、春太改め「春吾」、二ツ目昇進	
	7月	●家元の死去を受け、平林、談慶門下に移籍		
	11月	●有楽町よみうりホールにて、「立川談志一周忌特別公演 立川流追善落語会」を3日間にわたり開催		
	12月		●こしら、真打昇進 ●志ら乃、真打昇進 ※談志の孫弟子で初の真打	
2013年(平25)	4月	●志らく門下・志ら鈴、入門 ●志の輔門下・志の麿、入門	●談修、真打昇進 ●志のぽん、二ツ目昇進	
	5月	●志らく門下・らくぼ(現・らぃん)、入門		
	11月	●有楽町よみうりホールにて、「立川談志三回忌特別公演〜立川流談志まつり」を3日間にわたり開催		
	12月		●志の吉改め「晴の輔」、真打昇進	
2014年(平26)	1月	●志らく門下・らく兵、酒の上のしくじりで破門(翌年2月復帰)		

	4月	●談四楼門下・だん子、入門	●志の彦、二ツ目昇進	
	6月	●志らく門下・志ら門、入門	●笑二、二ツ目昇進	
	10月			●立川流主催の最初で最後の真打トライアル始まる。志らら、錦魚、談奈、らく里、らく朝が挑戦
	11月	●有楽町よみうりホールにて、「落語立川流創立30周年 特別公演 談志まつり２０１４」を3日間にわたり開催		
2015年(平27)	1月	●談幸、弟子の吉幸、幸之進とともに脱会、4月、落語芸術協会へ		
	2月		●らく人、二ツ目昇進	
	3月		●寸志、二ツ目昇進	
	4月	●志らく門下・らくまん(現・らく萬)、入門	●志の太郎、二ツ目昇進	
	7月	●こしら門下・仮面女子(現・かしめ)、入門		●こしら、弟子の命名権(期間1年)をヤフオク！に出品し、前座名が「仮面女子」と決まる。1年後、仮面女子改め「かしめ」
	10月	●談四楼門下・只四楼、入門	●志らら、真打昇進	

		●泉水亭錦魚、真打昇進、「二代目小談志」襲名 ●談奈改め「左平次」、真打昇進 ●らく里改め「志ら玉」、真打昇進 ●らく朝、真打昇進
	11月	●有楽町よみうりホールにて、「落語立川流特別公演 談志まつり2015」を2日間にわたり開催 ●文字助、脱会してフリーに
2016年（平28）	2月	●らく兵、師匠志らくをしくじり、亭号の立川を取られてただの「らく兵」になる（のちに復活）
	3月	●志の輔門下・志の大、入門 ●志らく門下・志らぴー、入門
	11月	●有楽町よみうりホールにて、「立川談志生誕80年記念公演 談志まつり2016」を2日間にわたり開催 ●高井研一郎（雄之介）、死去
	12月	●がじら、二ツ目昇進
2017年（平29）	1月	●談笑門下・談洲、入門
	11月	●有楽町よみうりホールにて、「立川談志七回忌特別公演 談志まつり2017」を2日間にわたり開催 ●志の八、真打昇進

	12月		●らく次、真打昇進	
2018年（平30）	3月	●左談次、死去 ●談四楼門下・縄四楼（現・琉四楼）、入門		
	4月		●志の麿、二ツ目昇進	●だん子、高座から降りる途中で転んで右足首骨折
	5月			●吉笑、酔って転んで右足首骨折
	6月	●談四楼門下・半四楼、入門		
	7月	●左談次の死去を受け、談吉が談修門下に移籍		
	9月		●だん子、志ら門、二ツ目昇進	
	10月		●志らべ、真打昇進 ●平林、真打昇進 ●只四楼、二ツ目昇進	
	11月	●有楽町よみうりホールにて、「立川談志追善 特別公演 談志まつり２０１８」を2日間にわたり開催		
	12月		●志らく、平成30年度の芸術祭優秀賞	

			を受賞	
2019年（令1）	4月		●志ら鈴、二ツ目昇進	
	5月			●志らく一門二ツ目、師匠の芝居の稽古に一度も顔を出さなかったため、全員前座に降格
	7月		●志獅丸、前座から真打昇進	●だん子、高座から降りる途中で転んで左足首骨折
	10月		●三四楼改め「わんだ」、真打昇進	
	11月	●有楽町よみうりホールにて、「立川談志追善 特別公演 談志まつり２０１９」を2日間にわたり開催		
	12月		●談洲、二ツ目昇進	
2020年（令2）	1月	●談笑門下・笑えもん、入門		
	2月	●生志門下・生ぼう、入門		
	4月		●志の春、真打昇進 ●かしめ、二ツ目昇進	
	10月			●談洲、相席スタートの山﨑ケイと結婚

年	月	出来事
	11月	●新型コロナウイルス感染症の影響により、「談志まつり」開催せず（翌年も）
2021年（令3）	1月	●らくぼ改め「らぃん」、二ツ目昇進
	5月	●らく朝、死去 ●談笑門下・笑王丸、入門
	9月	●志奄改め「志ゑん」、真打昇進
	10月	●文字助、死去 ●志の春、髪の毛をピンクに染める
2022年（令4）	2月	●顧問・石原慎太郎、死去
	3月	●佐藤敦之（文志）、死去
	4月	●志ら乃門下・のの一、入門
	6月	●志の八、ちょんまげを結う
	11月	●有楽町よみうりホールにて、「立川談志追善 特別公演 談志まつり２０２２」を昼夜で開催。２０１９年11月以来3年ぶり
2023年（令5）	1月	●志らく門下・志音、入門 ●らくまん改め「らく萬」、志らぴー、二ツ目昇進 ●だん子、高座に上がる途中で転んで左脛にひび

2月			●らく人、プロ雀士になる
4月		●志の大、二ツ目昇進	
5月	●上岡龍太郎(右太衛門)、死去 ●奥山侊伸(侊志ん)、死去 ●談四楼門下・談声、入門	●こはる改め「小春志」、真打昇進。立川流で初めての女性真打	
6月	●談四楼門下・公四楼、入門	●縄四楼改め「琉四楼」、二ツ目昇進	
7月			●明治記念館で小春志の真打昇進披露パーティー。小春志が白無垢姿にお色直しして登場し、会場でさまざまな臆測が飛び交う
11月	●有楽町よみうりホールにて、「立川談志追善 特別公演 談志まつり2023」を昼夜で開催		

写真協力　阿久津知宏
国立演芸場
小川峻毅
森本二郎
山田雅子
森モーリー鷹博

制作　遠山礼子
資材　池田 靖
宣伝　一坪泰博
販売　根來大策
編集　小坂眞吾

シン・談志が死んだ 立川流はどこへ行く

二〇二三年十一月二十六日　初版第一刷発行

著者　立川談志＋落語立川流一門
発行者　高橋木綿子
発行所　株式会社小学館
〒一〇一-八〇〇一　東京都千代田区一ツ橋二-三-一
電話　編集〇三-三二三〇-五一一八
販売〇三-五二八一-三五五五
印刷　TOPPAN株式会社
製本　牧製本印刷株式会社

Printed in Japan　ISBN 978-4-09-389141-7